AI、テレワーク時代に生き残るための

才能の見つけ方活かし方

経営コンサルタント
清水 久 著

ごま書房新社

まえがき
AI・テレワーク時代だからこそ、「自分の才能」に目覚めた人だけが生き残る！

「あなたには、どんな才能がありますか？」

そう尋ねられたとき、あなたは即座に、「私にはこんな才能があります」と自信を持って回答できるでしょうか？

大半の人が、「そういえば自分の才能って何だろう？」と思うのではないでしょうか。

そもそも才能とは、誰にでもあるものであり、その人特有の「個性」であり、「強み」のことです。その人が生まれ持った、唯一無二の存在です。

2020年のコロナショックから立ち直り、これからの時代を生き残るためには、自分の才能（個性・強み）に気づき、いかにして早く引き出せるかが、重要なポイントとなります。

ＡＩ・テレワーク時代の本格的な到来で、インターネットを介したオンラインツールを利用して、手早く問題を解決することが一般化し、家から一歩も出ない日が当たり前の、在宅ワークも増えてきました。

コロナショックを皮切りに、多くの企業がテレワークを導入しており、業務効率や時間短縮などが向上し、利便性の観点でいえば著しい急成長を遂げています。

しかしその一方では、職種によっては倒産や閉店など、リーマンショックを上回る経済の大打撃を受けているのも事実です。

また、人間関係が希薄になり、うつ病や自殺者、路上生活者の増加も危惧されています。ひとりで過ごす時間が増えたことにより、孤独感が強まり、社会とのつながりが感じられない人も数多くいることでしょう。

必然、ひとりで考える時間が多いため、「自分のことがわからない」「自分は何をやりたいのかわからない」「自分は何ができるのだろう?」「社会から必要とされている人間なのだろうか?」と悩み、自分で自分を追い込んでしまっている人も、後を絶たないことでしょう。

私がサラリーマン時代、人材コーディネーターとして人材採用を担当していたときのことです。穴だらけの履歴書、ボロボロの服装、ろくに敬語も使えないような就職希望者が面接に来られました。

しかし、よく話を聞いてみると、その人の人生目標や素晴らしい才能や特技に気づくことができ、その後、適正な会社に就職できた、という経験があります。

世界に目を向けると、アップル社のスティーブ・ジョブズも、幼少期は冴えない子どもでした。そして自ら設立した会社を一度解雇されたにもかかわらず、傾きかけた古巣に復帰し華々しい経営手腕を発揮し、iPadやiPhoneなど素晴らしいアップル社製品を世に送り出しました。

「誰よりも自分を信じて、前進し続けられるのは、自分のやることを愛しているからだ」

ジョブズはそう述べています。自分に自信を持ち、自分のやることに熱中しワクワクできたからこそ、技術革命を起こすことができたのです。

また、世界的に有名なブランド「CHANEL」の女性デザイナー、ココ・シャネルも、駆け出しのころ、彼女のデザインしたファッションは笑いものにされていたそうです。しかし決して諦めることをせず、笑われるような格好を続けたからこそ、後々成功の鍵になったと述懐しています。

自分が最良だとする「美」を追求し続け、たくさんの批判者や否定的な意見があっても、それに打ち勝つこだわりと、独創的なデザインを発表し、揺るぎない情熱を注ぐことで世間に認められ、才能が開花したのです。

彼らの人生を通して感じること。

人は「悪いところばかりに目を向けるのではなく、良いところを見つけていく習慣、見出していく力」を身につけることで、自分の中の才能に気づき、それを的確に表現することで、自分の理想とする人生を創造できるということです。

本書では、自分の才能を自分自身で見つけるために、何からやればいいのか、どうしたら見つけられるのか、そしてどうやったら磨くことができるのか、その方法を、さまざまな角度から読者のあなたへお届けします。

ＡＩやテレワークが私たちの生活により切り込んでくる時代の中で、自分の才能を見つけ、才能を活かして、「会社での評価を上げたい」、または「思い切って転職したい」、「将来は一念発起して独立したい」などと考えている人たち、そんな上昇志向の人々に向けて、具体的なメソッドを通じて、その一歩を後押しする一冊に仕上がっています。

それでは今から、あなたにしかない唯一無二の素晴らしい才能を、一緒に探しに参りましょう。

２０２１年２月吉日

経営コンサルタント　清水久《ひさし》

◆目次◆AI、テレワーク時代に生き残るための才能の見つけ方・活かし方

第1章 AI・テレワーク時代に求められる「才能」とは？

第2章 「生き残り」を意識して、最短で才能を見つける!

第3章 才能を伸ばして、揺るがない自信をつける！

第4章 オンライン時代に不可欠な「人脈」のつくり方

第5章 テレワークでの働き方を最大限に活かすスキル

第1章

AI・テレワーク時代に求められる「才能」とは？

絶対に誰にでも才能はある

私は以前、人材コーディネーターという仕事に就いていました。求職中や転職希望の方と会い、話し合いの中でその方の特性や価値観などを把握し、能力を存分に活かせそうな仕事を見つけることが、私の仕事内容でした。

相談に来られる方は、年代も経歴も考え方もさまざまです。そんな彼らに、こちらから必ず投げかける共通の質問がありました。

「あなたの夢は何ですか？」

尋ねた瞬間、「えっ？」と驚かれてしまうこともありましたが、多くの方が、少し恥ずかしそうにしながらも、自身の夢を語ってくださいました。

ある学生の方は、海外に行くことが夢だと打ち明けてくれました。その夢を達成させるためには、いくらのお金が必要になってくるのか。

さらには、それだけのお金を貯めるには、どのような仕事をどのくらいのペースで続けていけばいいのか、一緒に計画を立てました。

彼らの語る夢や、その夢の実現に向けての情熱や行動力というのは、決して履歴書だけでは測り知ることはできません。そして、そんな彼らにふさわしい職場というのも、履歴書では把握することができないのです。

夢の話から、さらには趣味の話、子どものころに熱中した遊びについてなど、彼らの本質的な部分を知るにつれて、私の方でおぼろげながら、

「この人にはこんな仕事が向いてそうだ」「あの仕事とは相性が悪そうだ」

というように、適した仕事を絞っていくことができます。

彼らに最適な職場を紹介し、マッチングさせることで、離職率を下げる。これが働き手にとっても、そして雇用側にとっても、もちろん私が勤めていた会社にとっても、素晴らしい成果につながるのです。

さて、そんな仕事を通して私が確かに感じていたこと。

それは、「誰にでも素晴らしい才能が必ずある」という事実です。

生きていく上で、夢を持っていない人はいません。

あなたも、あなたなりのオリジナルの夢実現に向けて、あなたの才能というものは欠かせません。才能を開花させ、才能を伸ばしていかないと、夢を叶えることに時間がかかるでしょう。

人材コーディネイター時代ですが、相談に来られる方の中には、「自分には才能がないので、どんな仕事をすればいいのかわからない」という方もいらっしゃいました。

しかし、そんなことは決してありません。誰にだって才能はあります。

ただ、自分の才能に気づいていないだけなのです。

夢の話から始まる私とのやり取りの中で、「私の才能ってこれかも」と、自分の才能に気づく方と何人も出会ってきました。

「自分には才能なんてない」と思っている人ほど、実は誰も持っていないような素晴らしい才能を持っているケースもありました。

そして、そんな自分の素晴らしい才能に気づかないまま、毎日のルーティンをこなし、ワクワク感や楽しみのない人生を送っている人がなんと多いことか、現在もことあるごとに感じています。

何度も言いますが、すべての人に平等に才能はあります。ただ、今までうまくいっていないのは、自分の才能を見つけられていないか、見つけらていても伸ばせていないか、そのどちらかです。

本書はそんな、自分の才能が何なのかわからず、人生の行く末に迷っている方に、その解決策をお届けします。

あらゆる角度から自分の才能発掘のヒントを得て、「これだ」と思える自分の素晴らしい才能と出会い、その才能をうまく伸ばしていく方法を身に付けてください。

才能を感じられないのは、自分の限界を決めてフタをしているから

「自分には才能がない」と嘆いている人が世の中にたくさんいます。

理由は単純、「才能がない」と勝手な思い込みをしているからです。

子どものころの私たちは、何でもできると思っていました。イメージは無限大で、失敗を恐れず、限界を設けず、当然のように、何にでも果敢にチャレンジしてきた方も多いはずです。

しかし年齢を重ねるとともに、「自分はこういう人間だ」というイメージを、自分の中で勝手に形成していくようになります。未来に漠然とした不安を抱くようになり、安定を求め、何にでも果敢にチャレンジする姿勢を止めます。いま目の前にある課題

をこなすことに精一杯になり、自分の人生や能力の限界を勝手に決めていくのです。
これは日本の教育方針や理念が絡んでくる問題でもあります。

本来、自分にしかできない才能があり、それを伸ばしていくことが人生をより充実させるカギとなるのですが、主要科目で平均点以上を取ることが良しとされる教育方針の定着によって、私たちは成長とともに、開花するはずだった才能にフタをされてしまっているのです。

日本の教育の仕組みを考えたら、自分の才能を見失ってしまう人が多いのも何ら不思議な話ではありません。

フタをされ、「才能がない」と思い込み、「自分はここまでの人間なんだ」というイメージを持った、日本の教育理念にかなった大人がたくさんいるわけです。

◆才能を見つけるためには、まずはフタを取り外すことから始めましょう。

限界のフタを取り外して、子どものころのような、無限大のイメージで、多方面から自分を見直していくこと。

つまり、あなたが長い年月をかけて培ってきた「自分はこういう人間だ」というイメージを、この場で一旦捨ててしまいましょう。

この意識によって、最短最速で才能を開花させるためのスタートラインに立つことができます。

AI・テレワーク時代は才能を伸ばすチャンスに恵まれている

あなたの持っている才能が、活かされないまま人生を無為に過ごしてしまう

これまでの時代は、人間関係のストレスに強かったり、コミュニケーション能力が高かったり、順応性や生産性に富んでいる人が、自分の才能を遺憾なく発揮でき、生きやすい世界が構築されていました。

集団の中で協調しながら仕事をするのが苦痛だったり、環境の変化にストレスを感じやすかったりする人は、生きにくい世界だったことは間違いありません。

これが、近年の働き方の見直しにともない、様子がガラリと変わりつつあります。

会社外でも仕事ができるリモートワークが登場し普及していっている現状のおかげで、場所を問わずできる仕事が増えてきました。

加えて労働時間も自分のライフスタイルに合わせ調整できる、テレワークの時代が到来しています。

私たちは、自分に合った環境に身を置いて、自分のやるべきことだけに集中できる働き方を選択できるようになったのです。人間関係で余計なしがらみに縛られることも少なくなり、また通勤などにともなう移動時間も削減できるようになりました。

精神的な余裕は健康の維持につながることでしょうし、時間的な余裕を得ることで自分の好きなことに取り組みやすくなります。

本書のテーマに則していえば、自分の才能を見出したり伸ばしたりする時間を増やすこともできるわけです。

一方で、人工知能（ＡＩ）技術の発達により、私たちの仕事の多くがＡＩたちに奪われるといわれています。しかし、世の中にあるすべての仕事がＡＩに取って代わられるわけではありません。

実際にＡＩに奪われる仕事というのは、同じことを繰り返す単純作業だったり、人間がするには危険で困難な作業が中心になるはずです。

たとえば、私が従事しているコンサルティング業や、カウンセラー業など、人間が抱える問題を解決する仕事はなくならないといわれています。

一流のスポーツ選手やアーティストなど、感動を与え人間の心を動かす仕事もなくならないでしょう。そのほかにも、私たち人間だからこそできる「才能を活かした」仕事はなくならないのです。

AI・テレワーク時代の今こそ、自分の才能を伸ばす時間を創る

ＡＩ・テレワーク時代の今こそ、私たちは自分の才能に気づき、自分の才能を伸ばす時間を設け、才能を糧にしてより人間らしく生きていくべきなのです。そのチャンスに恵まれているこの時代の流れを、見逃してはいけません。

最たる例ともいえるのが、近年一気に知名度を上げた、「ユーチューバー」と呼ばれる新時代を象徴する職業です。

彼らは自分たちの得意分野や才能をフルに活かして、ユーチューブという動画配信サイトで、私たちを楽しませてくれる動画を日々たくさん配信してくれています。

以前では考えられなかった立派なビジネスです。

このように、自分の才能を磨いて、それを発揮して、その対価として報酬を得られる仕組みが、オンライン上でたくさん生まれています。

これまで才能とは思われていなかったものも立派な才能として認められ、活躍の場を与えられていくのが、ＡＩ・テレワーク時代なのです。

こんな時代だからこそ、個人の価値が問われる

AI・テレワーク時代は個人の価値が問われる時代

ＡＩ・テレワーク時代に突入し、ＡＩが多くの単純な作業を担い、時間や場所にとらわれない働き方が推奨されていくことで、私たち個々の才能というものがより一層重宝されることになるのは、まず間違いないでしょう。

つまり、ＡＩ・テレワーク時代は、個人の価値が問われる時代ともいえるのです。

価値というものは、磨かなければ輝きませんし、磨かないでいるとたちまちホコリを被り劣化していきます。

ということは、個人の価値が問われるＡＩ・テレワーク時代における労働は、現状

維持というのは許されず、常に自分の才能を磨いていく意識が必要となってくるわけです。

実際、テレワークの推進によって、個々の価値が「見直されている」節があることを痛感しています。

場所に左右されない働き方によって、仕事へのモチベーションと生産効率が格段に上がった人もいれば、サボりがちになり調子がいまひとつな人も出ています。

テレワークは上司の目も部下の目も届きにくいですから、サボろうと思えばサボれてしまいます。

自分の気の持ち方ひとつ、自分の価値をせっせと磨くかどうかの意識次第で、結果が大きく変わってしまうものなのでしょう。

テレワークができない環境で働いている人も同様のことがいえます。

自分の価値を上げていく姿勢を見せないと、仕事効率の面でＡＩロボットたちにあっさり抜かれ、お払い箱とされてしまうことでしょう。

「あなたの才能が必要だから、これからもここにいてほしい」

そうやって周りに価値を感じてもらえるような、輝きのある才能を育てていきましょう。ここから先はいよいよ、才能の正体について探っていきます。

才能とは、他者と比較しない唯一無二のスキル

◆才能を開花できずに人生を終える理由は、自分の才能に気づかないため

開花していたらその道のプロフェッショナルになり大成していたはずなのに、才能を開花しないまま人生を終えてしまう人は、この世界に実は大勢いるのではないでしょうか。

大成しなかった理由は、時代や環境との相性によって才能が発揮できないまま終わった可能性もあるでしょうし、学校や親の強制によって開花のタイミングを失ってしまった可能性もあるでしょう。しかしいちばんの、才能を開花できず人生を終えてしまう理由は、自分自身が自分の才能に気づかなかったことにあります。

それではなぜ気づくことができないのか。これは才能というものが、他者と比較できない唯一無二の存在である部分が大きいからです。

テストの結果に応じて「あなたにはこんな才能があります」と具体的に判定してくれる、そんな便利な才能テストなんてものは、私の知る限り存在しません。

才能は他者との比較で優劣を付けられるものではないからです。学校の試験でわかることはせいぜい、理系か文系か、あるいは芸術系か、といった大まかな得意系統程度であり、あなたの真の才能を見出す材料にはなってくれません。

自分の才能に気づくには、自分の好きなことや夢中になれることは何なのかを、とことん掘り下げて知り尽くす必要があります。

大事なことは、よく細分化して自分の真の才能を発掘すること

たとえば「音楽が好き」だったとしても、音楽に関するすべてのことに才能を発揮できる人はいません。歌が上手な人がいて、楽器の演奏がうまい人がいて、曲をつく

れるの得意な人がいて、作詞のセンスがある人もいます。

さらには音楽の批評が優れていたり、素敵な音を奏でる楽器をつくることに才能を見出せることもあるでしょう。

歌うことが仮に下手であっても、たくさんの人々の心を揺さぶるような曲作りができるのであれば、音楽の道で遺憾なく才能を発揮し、プロフェッショナルの道を極めることができるはずです。

大事なことは、大まかな括りで判断するのではなく、よく細分化して、自分の真の才能を「発掘」することです。

掘り当てるという地道な作業をしなければ、才能に気づけるはずなどないのです。逆に、才能を見つけようと掘り続けていれば、確実に、他者と比較しない唯一の存在に、あなたも出会うことができるということです。

才能の見つけ方については、第3章でくわしく説明します。もう少し、才能を見つける作業の前に知っておいてほしいことが続きます。

遊びの延長で極められる才能もある

ゲームや遊びが今や、お金を稼ぐためのビジネスに進化した

まさしく今の時代だからこそ、縦横無尽、自由自在に伸ばすことができ、また生計を立てる柱としても活かすことのできる才能があります。

たとえばゲーム。ほんの少し前は、「ゲームは1日1時間まで」「ゲームばかりしているとろくな大人になれない」と、大人が子どもに諭すことが当たり前の時代でした。

しかし現代を見渡してみるとどうでしょうか。

電車内、あるいは路上でも、スマホゲームに勤しむ人を、老若男女問わずでたくさん見かけます。熟練のゲームプレイヤーは尊敬の眼差しで見られる時代になりました。

ビジネスとしての成長度合いは著しく、最近ではｅスポーツと称して、ゲームが仕

事として成立する時代となっているのです。

ゲームは遊びでした。誰もが最初、コントローラーを握ったきっかけは、友だちと遊ぶための道具だったはずです。

それが今や、立派にお金を稼ぐための手段に進化を遂げたのです。

遊びで夢中になったゲームで自身の才能を伸ばし、プロゲーマーとして多くのファンを魅了し、スポンサーを獲得し、お金を得ている人たちが、実際にいます。

これこそ、現代ならではの、自由な才能の伸ばし方、発揮の仕方の最たるものといえるでしょう。

ほかにも、遊びの延長で才能を開花させ、世間の注目を集める人たちがいます。

制作した楽曲をアップロードしていたら人気を出した人、ファッションが好きでオリジナルのコーディネートをSNSで披露していたらモデルとしてデビューした人。

さらには、株式投資が好きでブログに投資日記を書き続けていたら書籍出版にまで至った人。

趣味が高じてビジネスとしても成功する事例は挙げたらキリがありません。

結論。遊びや趣味に熱中できることも才能のひとつなのです。

ですから、今自分が楽しんでいる遊びや趣味を極めて、今後本業や副業として活用させるという話も、決して不思議ではない時代となっています。

頑張らずにやれるのも才能

自分は頑張っているのになぜうまくいかないのだろう

この世の中は、頑張って夢を叶えようとしている人、頑張って働いている人が大勢だと思います。みんな頑張って生きています。

しかし頑張っているすべての人が夢を叶え、成功しているかというと、そうではありません。

「頑張っているのに、どうして私はうまくいかないんだろう」

それはもしかしたら、

「頑張ろう」「頑張らなくちゃ」

と自分を無理やり叱咤しながら頑張っているから、うまくいかないのかもしれません。

一方、成功に向けて着実に歩みを進めている人は、頑張らずにやれているからこそ、うまくいっているのかもしれません。

この時代だからこそだと思うのですが、頑張らずにやれるのも、才能のひとつといえるのではないでしょうか。

努力や頑張りというのは、周りから「努力したんだね」「頑張ったね」と言われて初めて成り立つ、客観的な評価であり、自分自身が決めることではありません。

頑張っている感覚など一切なく、楽しかったり夢中になれるからという理由で続けていった結果、ほかとは比較できない唯一無二の才能が開花し、成功を手にしている人がいます。

朝から晩まで働くサラリーマン、動画再生数やチャンネル登録者が多いユーチューバーなど働き方は人それぞれです。

つまり、頑張っているかどうかと、成功や夢には、直接的な結びつきは薄いということです。

もちろんサラリーマンの方の中でも、頑張っている感覚を持たずに楽しみながら、ストレスフリーで仕事に打ち込んでいる人もいます。

そしてユーチューバーの方も、編集やリサーチなど見えないところで頑張っていることは間違いありません。

要するに、頑張るとか、努力するといった言葉に惑わされないことです。

頑張らずに、楽しんでやっているうちに自然と伸びていく才能があることを知っておきましょう。

小さな才能を組み合わせて大きな才能にする

いくつかの才能を組み合わせて比類なき才能を生み出す

ここまでを読んでなんとなくイメージできたと思いますが、才能は「ひとりにつきひとつ」というものではありません。

私たちひとりひとり、いくつもの才能を持っています。

「人前で話すのが得意だ」「絵を描いている間は時間を忘れてしまう」「音楽についてなら何時間でも語れる」「お金を節約する方法を考えるのが好き」「繰り返しの単純作業を苦もなくやれる」「冷蔵庫の残り物で美味しい料理があっという間につくれる」

これらすべて才能のひとつです。

そして、これらあなたの中にあるいくつかの才能を組み合わせることで、より強固で、唯一無二の、比類なき才能を生み出すことができます。

たとえば、「英語が得意」という才能と、「人に教えるのが好き」という才能を組み合わせれば、英語を教える才能を最速で伸ばしていくことできることでしょう。

私の場合なら、

「問題を解決する方法を考える」ことが得意で、なおかつ迅速かつ的確なので、経営のコンサルタントという立場で、問題を抱えている方の問題解決をサポートしています。

問題解決の才能があるわけですが、これを細かく分析すれば、

「人の話を傾聴するのが好き」であったり、

「その人の中身、本質の部分を知ることに興味がある」ことも影響しています。

さらに、「人を気遣う気持ちや応援したい気持ちが誰よりも強い」

という面があります。

これらも細かく見れば小さな才能であり、これらの組み合わせで、私のオンリーワンの才能があり、仕事として成り立っているのです。

このように、誰もが小さな才能をいくつも持ち合わせています。

それらの存在に気づき、いくつかを組み合わせることが、個人の価値が問われる時代で才能を発揮するための、重要な課題となっています。

才能を発揮することで得られる最大のメリットは「自己肯定感」である

✵ お金を儲けるために才能を伸ばすという考え方は正しくない

才能を発揮することで何が得られるのかを考えることは、とても重要なことです。

才能があればあるほどお金が稼げるという考えの人がいます。

言い換えれば、お金持ちは才能に恵まれている人だという考え方です。

確かに、経営者や一流のスポーツ選手やアーティストといった人たちは、才能に恵まれたがゆえに、たくさんのお金を手にすることができています。


しかし実際のところ、唯一無二の素晴らしい才能があるからといって、必ずしも大きな稼ぎにつながるとは限りません。

その才能が時代とどれだけ合うか、商業的な価値がどれほど認められるかで、稼げる額が上下してしまうからです。

しかし必ずしもたくさんの稼ぎを得ることが、自分にとっての大きな夢や成功、幸せになるかというと、そうでもありません。

たくさん稼いでいても、夢を見失っている人や、成功を感じ取れていない人、幸せではない人は、実際にいます。

つまり、大金を得るために才能を伸ばすという考え方が、必ずしも正しいというわけではないのです。

お金を儲けるのは自己肯定感のパーツにすぎない

それでは、才能を発揮した先に、確実に待っているものは何でしょうか。それは、自己肯定感です。

自己肯定感とは、簡単にいえば、自分のことを好きでいること、自分を愛することだと、私は解釈しています。

才能を発揮すれば、自分の自信にもなりますし、周りへの貢献によって、称賛や喜びの声を得ることができます。これが自己肯定感へと転じ、自分のことがますます好きになります。

必然、幸福度は上がっていきますし、心の豊かさを手にすることができます。

もちろん対価としてお金を得ることで、自己肯定感が上がっていくこともあります。

いわば、お金を得るという行為は、自己肯定感を得るための一材料に過ぎないのです。

才能を発揮することによる最大の恩恵は自己肯定感、自分をより深く愛せるようになることだという事実を、これから才能を伸ばしていく上で決して忘れないでください。

自分のことが好きな人は、人生もバラ色に感じられ、周りの人に対しても寛大で、何事も肯定し好きであり続けることができます。要するに、あらゆることにポジティブになれます。

「好き」の幅が広い人は人間味があふれているから、周りの人にも好かれます。そんな自己肯定感の塊のような人にはこの先、多くの幸せを感じられる人になっていくでしょう。

たくさん儲けられることは何よりですが、そこにばかり執着してしまうと、才能を伸ばす最短最速の道を見失ってしまい、それどころか才能を萎ませることにもなり、自己肯定感を得る機会にも恵まれません。

不幸せなお金持ちの人たちは、そのような状態に陥っているのかもしれません。

そうならないよう、才能を発揮し自己肯定感が得られる場は、常に持っておくようにしましょう。

才能を仕事にしたいのなら、副業から始めてみる

現代社会は誰でも副業でチャレンジできる

自分の才能を活かせる仕事で食べていきたい。そう思ったら、まずは副業から始めましょう。

脱サラ（サラリーマンを辞めて自分で事業を興すこと）という言葉が流行語になったように、かつては自分のやりたいことを仕事にすると決めたら、まずは会社を辞める必要がありました。

それは非常にリスクが高く、もし事業で失敗したら、職を失うどころか、多額の借金まで背負う可能性もあったのです。

しかしインターネット社会の現代であれば、誰でも簡単に、小さな規模から仕事を

始めることができます。

ＡＩ・テレワークによる効率的な就業システムの確立や、週３日勤務などの時短勤務の達成といった社会的な要因により、副業を解禁している企業は多くなっている傾向です。

そこで、自分の才能でお金を稼いでみたいと思ったら、いきなり会社を辞めるのではなく、本業を続けていく一方で、副業としてチャレンジしましょう。

第一段階は、仕事の前や後、もしくは休日に、数時間を確保して、才能を磨き仕事にしていく方法を模索していきましょう。

少しずつ稼げる流れができあがり、

「専念できる時間を増やせばもっと稼げる」

というイメージが固まったら、本業の勤務時間を減らす具体的な工夫をしていくといいでしょう。

時短勤務の可能な会社であれば、相談してみましょう。

対応してくれないのであれば、ほかの時短勤務が可能な会社に転職することも視野に入れるといいでしょう。

そうやって、少しずつ才能を発揮する時間を増やしていき、本業と副業の比重を変えていくことで、リスクを最小限に抑えながら、才能を仕事にすることができるのです。

才能を伸ばしていければ、いずれは、副業が本業の収入を上回り、雇用される側としての生活に終止符を打つことも可能でしょう。

誰かの人生を生きるのではなく、自分の人生に向き合える人が才能を創り出す

必要なのは、自分の人生に向き合い、自分の人生を生きる決意

ここからは、自分の唯一無二な才能を見つけるにあたって、あなたに持っておいてほしい「心構え」について説明していきます。

次章ではいよいよあなたの才能の見つけ方を学んでもらうことになりますが、その前の準備体操みたいなものです。

才能の話から少し遠ざかり、思考的な話になりますが、改めて自身に当てはめて考えてみてください。

まず、自分の才能を見出すために必ずしなければいけないこと。

それは、自分の人生に向き合い、自分の人生を生きていく決意をすることです。

自分の才能を見つけ、すくすくと育て上げ、存分に発揮できている人に共通していることがあります。

それは、「いま生きているこの道は、間違いなく自分の人生だ」と胸を張って断言できるということです。

実際に、自分の才能をフルに発揮して活躍している人たちを想像してみてください。彼らの人生は眩しく輝いていて、まさに自分自身の人生を歩んでいることがうかがえるはずです。

反対に、自分ではなく誰か他人の人生を生きている人は、才能を発揮する機会に恵まれていないことになります。

こうしなさい、ああしなさいと、周りに言われるがまま、高校や大学、職場をなんとなく選んできた人は、誰か他人の人生を生きている人です。

敷かれたレールの上をただただぼんやり歩いているだけの人生ですから、退屈で味気ない日々を送っていることでしょう。

今の自分が歩んでいる人生は、果たして自分の意思で選んだものなのか、改めて問いかけてみましょう。

自分の人生に真正面から向き合うことで、閉じ込めている才能を解放させることができます。

「いま歩んでいる人生が、自分で選んだものなのか、誰か他人の人生を生きているのか、わからない」という人は、次のように問いかけてみてください。

「明日死んでもいい。そう思える人生を自分は歩んでいるか」

後悔の残った人生の終末だとしたら

少々極端な問いかけかもしれません。しかし、自分の人生を歩んでいる人であれば、自分の才能を発揮し好きなことをやって充実した日々を送っているので、たとえ明日死ぬとしても、大きな後悔をすることはありません。

一方、誰かの人生を歩んでいる人は、もし明日死ぬとしたらと考えたとき、「嫌だ、自分にはまだやりたいことがあるのに」と後悔の念に心を埋め尽くされることになります。

その「やりたいこと」というのが、自分や周りにフタをされて封印されてきた、あなたの才能の片鱗なのです。


やりたいことがあるのに、誰か他人の人生を生きているせいで実行できていないのであれば、いますぐ人生プランを変更するべきです。

自分の才能を発揮する機会を失い続けているだけの人生なんて、もったいなさすぎます。

誰か他人の人生を生きるのではなく、自分のやりたいことに正直になって、自分の人生に向き合い、後悔のない生き方を決める準備を始めましょう。

「自分で選択したから今の自分がいる」ことを知る

周囲の人間に自分の人生を委ねていいのか

誰か他人の人生を生きるのか。自分の人生を生きるのか。そのどちらを生きていくかは、自分が選んだものであり、他の誰の責任でもありません。

人生は選択肢の連続であり、選ぶのは自分自身です。平日仕事をすることを当たり前のように受け入れているかもしれませんが、サボることもできるのです。自分で選択し、仕事をしているのです。

仕事だけでなく、趣味、買い物、人付き合い、自分の生活に密着しているあらゆるものは、自分で選んだからこその現在があるのだと自覚しましょう。

ここで問題となるのは、「周りに選んでもらう」という選択をした人たちが多いという点です。

自分で選択せず、周りに選んでもらえば、自分で考えて選択する手間は省けます。

自分で選択したことだから今がある

確かにその方が楽かもしれませんが、自分の望んだ人生を生きるわけではないので、前述の通り、自分の才能に気付き開花させるチャンスを逃すことになってしまいます。

ですから、選択することを放棄せず、常に自ら選んで生きていくことを徹底してほしいのです。

これこそが、自分の才能を最短で開花していくために不可欠な要素です。

私自身も、「自分は人生を選べる立場にない」と思い込んでいました。

勉強が得意ではなく、貯金はなかったでしたし、コネも皆無でした。

選択肢が非常に少ない中で「自分にできることなんてこんなもんだろう」と自分で

自分にレッテルを張り、選択すること挑戦することを避けていました。

しかし、「自分で選択したからいまの自分がいる」ことを知り、選択の仕方を変えることで未来も変えることができることを悟ったのです。


そこからは選択の連続で、30歳を過ぎて、仕事をしながら短期大学に通い、起業を決意し、自分の才能を遺憾なく発揮できる環境づくりを徹底し、現在に至っています。

私と同じように、自分で選択することを決意する人が増えれば、世の中はきっともっともっとクリエイティブで、ワクワク楽しそうにしている人ばかりになっていく、そう信じています。

ですから、誰か他人に生かされているような感覚で、淡々と目の前にあることをこなすのではなく、「常に自分が選択しているんだ」と、自信を持っていえる生き方を選んでください。

「最初の一歩はひとり」であることを覚悟する

◆「ひとりチャレンジ」精神から始める

才能を見つけ伸ばすことへのチャレンジだけでなく、あらゆる挑戦に共通することですが、最初の決断、そしてはじめの一歩は、みんな孤独です。

「ひとりじゃ嫌だ」「ひとりで始めるのは不安」「仲間を見つけてからやりたい」と、消極的な姿勢で、新しいことへの挑戦を躊躇する人がいますが、それはそもそものもの、その考え方が間違いです。

最初はひとりであることを覚悟しましょう。

もちろん、誰かと一緒になってスタートラインに立ち才能を磨き始めることもあるでしょうが、そんなケースは稀であると考えてください。

ひとりでやることに慣れていないのなら、小さいことから、ひとりでやってみることにチャレンジしてみるのもいいでしょう。


私は本社を地方に置いたまま、現在は東京を拠点に移住し3年目になるのですが、東京観光が好きで、たまたま時間が空いたときなど、思いつきで都内の観光スポットへ出かけることがあります。

思いつきですから、誰かを誘うことはできません。必ずひとりで出かけます。

ほんの数時間の観光ですが、訪れた先で新しいものに触れることで、気分転換になり、また新しい発想を得るとっかかりにもなります。

ちょっと風変わりな例だったかもしれませんが、こういった些細な、「ひとりチャレンジ」をすることで、ひとりで何かを始めることに対しての抵抗感はなくなっていきます。

「ひとりチャレンジ」を普段から心がけることをお勧めします。

寂しがり屋の人も安心してください。

最初の一歩はひとりでも、踏み出した先では、同じ目標を持ち、あなたと同じように才能を育んでいる仲間に出会うことができます。


当たり前の言葉ですが、自分で踏み出さない限り、何も始まりません。

ずっと孤独であり続けるわけではなく、最初だけですから、安心して一歩を踏み出しましょう。

何でもかんでも、まずは素直に受け入れる

素直さが、行動の原動力となり才能も磨かれる

「素直である」というのも、才能のひとつといえるかもしれません。素直という才能を、率先して伸ばしていくことをお勧めします。

要するに大切なのは、自分の才能に基づいて表現したアウトプットに対する、他人の評価を素直に受け止める姿勢です。

スポーツであれば、練習や試合のパフォーマンスに対するコーチや観客の意見を聞き入れる姿勢ですし、芸術的なものであれば、作品に対する評論家や周りの人の意見を聞き入れる姿勢です。

自分で「ここまでやったのだからもう十分だ」と自己判断や自己満足で終わらせず、きちんと周りの声に耳を傾け、客観的な評価を受け入れるようにしましょう。

素直に受け入れることが、次の行動への課題となり、原動力となり、才能はさらに磨かれていきます。

素直さは、才能を発揮している際だけでなく、より基本的な場面でも大切にしたい意識です。

悪いことをしてしまった、周りに迷惑をかけてしまった、と感じたら、言い訳せずまずは素直に謝る姿勢。

周りに助けてもらったら、ありがとうとすぐに言葉にして発する姿勢。

これらも素直さの体現であり、結果的にあなたの才能を前進させる要因となってくれることでしょう。

頼みごとをされたら、まずは素直に「はい」と返事する気持ちも大切です。

たとえば仕事で、「これやってね」と頼みごとをされて、本当は別のことがやりたい状況であっても、「はい」とすぐに答えられるかどうか。

これも素直さが問われるシーンです。

「いま別のことやっているので後でいいですか」といったように突き返す人がいます。

こういった人は、自分都合で判断している面が強く、相手の気持ちを受け入れる姿勢が足りないため、残念ながら素直さを伸ばすことができません。

とはいえ、本当に自分の仕事で手一杯だと、頼まれてもこなす余裕がないことはあるでしょう。

そういったときは、「はい」とまずは素直に受け入れてから、「先ほどの件ですが」と疑問点や懸念点を確認することが望ましいです。

このような素直さはどこでも発揮でき、あなたの才能を最速で伸ばす手助けをしてくれるでしょう。

素直でなくても才能を発揮できるのは天才だけ

素直じゃない、つまり周りの評価や気持ちを受け入れず自分判断で、才能を発揮している人もいるかもしれませんが、そういう人は生まれつきの天才タイプだと思います。素直じゃないところを帳消しにしてくれるくらい、突出した才能を持っている方のはずです。

残念ながら、私たちはそういう天才タイプではありません。コツコツと才能を伸ばしていく必要があります。

そのためにまず、何でもかんでも素直に受け入れる心の余裕を持たせ、相手の思いをまず受け入れることを心がけましょう。

ダメな自分を許す

「人は本来ナマケモノ」と思えば気持ちが楽になる

私は経営コンサルタントという仕事の中で、相手の才能を発見し伸ばそうとひたむきな人のサポートを全力で行ってきました。

しかし中には、その半ばで諦めや限界を感じてしまい、残念なことに私のそばから去ってしまう人がいるのも事実です。

一時的にモチベーションがうなぎ上りとなり、明日もやってやるぞという気概にあふれていても、それを3カ月、半年、1年、と続けていける人はほんのわずかです。

続けることがどんなに大変かは、多くの人が人生の中で何度か痛感していることでしょう。

なぜ続けることは困難なのか。理由はいくつか考えられるでしょうが、その根本として、本来「人はナマケモノである」ということが挙げられると思います。

どんなに才能にあふれている人でも、偉い人でも、何かをひたむきに頑張っている人であっても、楽ができる方へ気持ちが向いてしまいがちなのです。

持続できないことは、仕方がないことである。という見方もできるというわけですね。何がなんでも続けていきたい。モチベーションを維持したい。そういった思いが強いのであれば、自分を鼓舞するための方法はいくつかあると思います。

しかし、ここであえていうなら、そこまでしないとモチベーションが保てないのであれば、それはあなたにとって本当に必要な、伸ばすべき才能ではないのかもしれません。

「やりたくないなら、やらなくてもいい」

というのがここで私が言いたいことです。

もしかしたらほかに、もっとあなたに合っている才能があるのではないか。そういう思考に置き換えてみてもいいのではないでしょうか。

今進んでいる道を逸れたくなったら、それでいいのです。別の道で、別の才能が花開けば、それでいいかなと思います。

その判断が正しいかどうかは、その時点ではわからないでしょうか、その経験が後から何かの役に立つことは間違いありません。

本当の才能は「苦しい」「無理」ではなく「熱中」できる

才能を伸ばし続けることができないのは、「自分の伸ばすべき才能はこれだ」という才能に出会えていないだけかもしれないのですから、ひとつのことに固執せず、広い目で、他の才能にも目を向ける時間を設けても、悪いことではありません。

本当に開花させたい才能というのは、開花させたくて仕方がなくて、寝食を惜しんで熱中するものです。

「苦しい」とか「もう無理」とか「もっと頑張らないと」とか、そういう次元の話ではない存在です。

「こんなこともできないなんて、自分はダメな奴だ」と落ち込んで、モチベーションが下がり、続けていく自信を失ってしまったときは、そんなダメな自分を許す気持ちも大切です。

ほかのことに没頭するのもいいですし、少し時間を置いて冷静になってから考えて、本当に諦めるべきか、続けていくべきかの最終ジャッジを下しましょう。

たとえば、モデルになりたくてダイエットを頑張っていたのに、ついケーキを食べてしまった。「なんてダメなんだ」と落ち込んで、何もかも嫌になってしまいそうですが、そこで、そんなダメな自分を許しましょう。

そして、こう考えるのです。

「ケーキを食べたことによる満足感、食べたことによって得られた幸福感によって、また明日からダイエットを頑張れる気持ちになれた」

諦めかけたとき、できない自分が嫌になったとき、「そんな自分を許す」という発想を持ちましょう。

気持ちの切り替えひとつで、続けていく力が不思議とわいていくものです。

「当たり前を疑う」から始めよう

ＡＩ・テレワーク時代の始まりにともなって、これまで当たり前であったことが当たり前でなくなってきています。

まず、仕事をする場所は関係なくなってきました。

インターネット環境さえ整っていれば、山奥の静かな湖畔のログハウスで、地球の反対側に住む顧客へ新商品の営業活動ができてしまう時代です。

労働する時間も、必ずしも1日8時間、週40時間である必要はなくなっています。

自分の好きなように、ライフステージやライフスタイルに合わせて労働時間を選択することだって可能となってきているのです。

働き方だけではありません。

この文章を書いている２０２０年、コロナウイルスの影響で、人に会うことが制限されたり、映画や演劇や外食を楽しむことさえ厳しくなり、学校に行くことすらままならなくなる「緊急事態宣言」が発令されました。

コロナが世界を脅かす前だったら、まさかというあり得ない事態が、実際に目の前で起こったのです。生き方そのものでさえ、当たり前だったものが当たり前でなくなる。

そんな時代ということです。

当たり前を疑うことから、始めることは大切です。

コロナによって仕事を失った人が大勢います。同じように、ＡＩの登場によって、自分の仕事が脅かされる人もいることでしょう。

当たり前のように仕事へ行き、生きるための糧を得られている現状に、感謝すべきですし、一方でいつこの当たり前が失われるかわからないという、危機感も常に持っておくべきです。

もっと広い視野でいえば、空気を吸うことができたり、寝る場所があったり、ご飯が食べられることも、基本的に当たり前のことばかりですが、疑うべき対象となります。

さすがに地球から空気がなくなることはあり得ないかもしれませんが、このような当たり前を疑う意識というのが、あなたの才能を思う存分発揮するためのヒントになってくれることでしょう。

私の場合、当たり前の日常が訪れることそのものが素晴らしいことだと感じ、そのことに対する感謝の気持ちを忘れないようにしています。

部屋に神棚を置き、寝る前と起きた後に必ず祈りを捧げ、感謝します。

感謝の祈りを捧げると、不思議とパワーがもらえます。

心が豊かになり、周りに優しく接することができたり、頑張る力がみなぎってきたり、ひらめきの源となります。才能を伸ばす手助けになっていることは間違いありません。

「だから部屋に神棚を置きましょう」と提案しているわけでは決してないのですが、祈りはお金のかからない、全世界共通の、最強のモチベーションアップ術だと思います。

当たり前の日常があることを、疎《おろそ》かにしないこと。この気持ちが大切です。

当たり前のことに感謝する姿勢を持っていることで、日々の世界の見方というものが変わってきます。

「今日もご飯が食べられて幸せだ」「今日も無事に仕事を終えることができました、ありがとう」と感謝ができる人は、周りの人たちを幸せにできる才能があると思いますし、周りから助けてもらえる才能にも富んでいるように思います。

現状を突破したいか、維持したいか

さて、ここまでは、ＡＩ・テレワーク時代における才能の位置付けや価値について、そして才能を発掘し開花させるための事前の心構えについて述べてきました。

次章からはいよいよ、才能の発掘の仕方についての実践法です。ここを読めば、最短最速であなたの才能を開花させる方法が身につけられます。

ここで今一度、自分の心に問いかけてみてください。

あなたは現状を突破したいのか。それとも、今のままを維持できればいいのか。

突破したいと強く思ったのであれば、才能を開花させ伸ばしていくべきです。次章へと読み進めていってください。

もしここまで読んで、「自分は今やるべきことでいっぱいいっぱい」とか「やりたいけどお金がない、日々の身銭を稼ぐことで精一杯」という言い訳が思い浮かんだのだとしたら、そういった人は、現状維持でいいのだと思います。

それはそれで、私はいいと思っています。

「いまのままでもいい」

と思ったなら、このまま本書を閉じてもらってけっこうです。

「今を変えていきたい」と強く願った方のために、次章以降はあります。その点だけ改めて胸に秘めて、最後までお付き合いください。

それでは、あなたの唯一無二で素晴らしい才能を見つける方法、スタートです！

第2章

「生き残り」を意識して、最短で才能を見つける！

才能を見つけるためには、「自分を知る」ところからスタートする

本章ではいよいよ、あなたが持っている唯一無二の才能を見つけるための方法を提案していきます。

そのためにまず、ひとつの「ワーク」をやってみましょう。とても簡単です。

「1分間という枠を使って、自己紹介をしてください」

きっちり1分間です。30秒では短いですし、2分間では長すぎます。

自分はどんな人なのか、自分自身の、とくに内面をよく眺め直して、実践してみてください。

私はこのワークをさまざまなコンサルティングの場で、クライアントの方に実践してもらいました。1分間に満たない人もいれば、長々と3分以上も自分を紹介してし

まう人もいて、きっちり１分間で紹介できる人は少ない傾向でした。

自分が所属している会社のことや、従事している仕事の内容、自社や自身で扱っている製品やサービスを紹介する人がいますが、これらは完璧な自己紹介とはいえません。会社や学校など所属している組織というバックグランドを取り払い、肩書きもこの際外して、ありのままの自分を紹介するのがポイントです。

名刺交換会や異業種交流会では、所属している組織や肩書きを紹介するのが望ましいでしょうが、才能を発掘するためのワークにおいては、不要なのです。

１分間できちんと自己紹介をできる人は、自分自身のことをよく知っている人です。

そして、自分のことをよく知っているのですから、自分の才能を見つけることにも長けています。自己紹介が短い人も長い人も、自分のよさに気づけていません。

すなわち、自分の才能がどこにあるかがわかっていないのです。

ですからまずは、１分間自己紹介をぜひやってみてください。

自己紹介は人前でするのが理想ですが、ひとりでいるときでも構いません。恥ずかしがらずにやってみてください。

自分の得意なことや好きなこと、ついつい夢中でやってしまうことを、1分間に詰められるだけ詰めましょう。言葉として発することで、自分の脳へも浸透していくので、より一層に、自分のやりたいことや好きなことを深めていきたい意識が定着します。

この1分間自己紹介は、定期的に行うことをお勧めします。

本章の実践によって、新しい才能に気づいたなら、それも1分間自己紹介の材料として加えていきましょう。

魔法使いのお姉さん

「1分間自己紹介」のつぎは「魔法使いのお姉さん」

もうひとつ、私がセミナーでもよく行うワーク、名付けて「魔法使いのお姉さん」にも取り組んでみましょう。これも自分の才能に気づくための格好の材料になります。

魔法使いのお姉さんは、いわば「最高の条件がそろった状態」で、自分がしたい本当のことを見つけ出すためのワークです。

あなたの前に魔法使いのお姉さんが現れ、次のように言います。

「あなたに潤沢な資金を与えます。人脈にも恵まれるようにします。時間も無限に与えましょう。さらに、家族や友人、これから会う人、あなたの周りにいる人がすべて理解を示してくれて、全力で応援してくれるようにします」

「さあ、あなたは今何がしたいですか?」

多くの人の場合がこうです。

「どうせお金がないから」「どうせ人脈がないから」「どうせ時間がないから」

といった理由をあげて、自分の可能性にフタをしてしまいがちです。

しかし、もしそれらすべてが手に入る、まさに魔法のような最高の状態になれたとしたら、あなたは何がしたいのか。さっそく紙に書いてみてください。

「魔法使いのお姉さん」は限界のフタを外してくれる

このワークに取り組むことで、あなたの本当にしたいことがいくつか出てきます。

私がこれまでセミナーで行った中でも、興味深い回答がいくつもありました。

ある人は「自分の国を作りたい」と答えました。さらにそのために潤沢な資金で島を買いたい、仲間たちを国民として招きたいなど、国作り達成までのイメージをより具体的に膨らましていったのです。

このように、魔法使いのお姉さんは、自分の限界のフタを見事に取り除いてくれます。本当にやりたいことが見えてくるだけでなく、そのやりたいことを実現するために必要となる過程までが、ありありと見えてくるようになります。

何よりこのワーク、想像するだけでワクワクしてきます。そしてそのワクワク感の中に、あなたの才能のヒントが隠されているのです。

書いた紙は、ぜひ手元に置いておいてください。見返してイメージを膨らますたびに、ワクワク感と一緒に、新しい着想やはたまた実際に起こるかもしれません。

「周りから頼られること」が、あなたの才能である

頼まれ感謝されることで自己肯定感が深まる

1分間自己紹介と魔法使いのお姉さん、ふたつのワークが完了したので、ここからはあなたの才能を見つけ出すためのヒントになるものを、続けて紹介していきます。

まず思い出して欲しいことがあります。あなたがよく人から頼まれることです。

じつは、ここに才能の片鱗というものが隠れています。

たとえば私の場合、学生時代から相談されることがたびたびありました。

「気になる子がいるから、うまくセッティングして欲しい」という依頼は中学時代から受けていました。「誕生日プレゼントを決めて欲しい」という相談もよく受けます。

この相談というものに、私の才能のヒントはありました。

「誰かの抱えている悩みや問題を、一緒になって考えて、解決方法を導いていく。これが自分の才能ではないだろうか」

そのような結論に行き着いたからこそ、前職の人材コーディネーターがあり、いまの経営コンサルタントという仕事があります。

相談者と話し合い、一緒になって解決していくことは、私にとって大きな喜びであり、感謝されるとなんとも言えない満足感、自己肯定感に浸ることができます。

あなたにも、周りからよく頼まれることがあるはずです。

「よく両親やおじいちゃんおばあちゃんから、肩揉みを頼まれていた」
「パソコンの使い方を教えてほしいとよくいわれる」
「美味しい食べ物屋さんについて尋ねられることがよくある」
「イベントの幹事をよく頼まれる」

些細な頼まれごとの中にも、あなたの才能のかけらは眠っているのです。

まずはそれらを思い出してください。

幼いころ熱中していたことに、才能のピースはある

◆熱中していたことをスピード感をもって伸ばす

幼いころに熱中していたことを思い出してみてください。その中に、あなたの才能のかけらが眠っているかもしれません。

幼少期の経験を、私たちはいつまでも覚えているものです。

私の場合、勉強はできないけれど、運動は卒なくこなすことができていました。経験の少ないスポーツでも、いきなりやれといわれてもそこそこなせるので、運動センスそのものはまずまずあったのだと自負しています。

体を動かすのが大好きなので、多種多様のスポーツに熱中している幼少期を過ごしました。そのころの経験は、今の私の才能のひとつとして役立ってくれています。

ジムに通ったり、フットサルで汗を流しながら、経営者仲間と出会い、交流を深めることができています。

人と人とのつながりが重視されている経営コンサルタントという仕事に、スポーツが得意という才能はうってつけでした。

あなたにも、幼いころに熱中していたことがきっとあるはずです。熱中していたことは、苦手意識がないので、積極的に生活の中に取り入れることができますし、続けていくことが苦になりません。

才能のひとつとして、スピード感を持って伸ばしていくことができるでしょう。

才能に恵まれ、若いころからプロとして活躍するプレイヤーはたくさんいます。スポーツなら野球選手やテニス選手など、芸術の分野であれば絵描きや音楽家などです。

彼らは幼いころに熱中していたことを自分の才能とし、特化させて伸ばし続けたからこそ、若いころから活躍し、大きな成功を成し遂げています。

そのような特別な才能でなくても、幼いころに熱中していた小さなことが、自分がこれからやりたいことの手助けをしてくれるケースはたくさん考えられます。

私は運動以外に、モノを解体することに熱中していました。ただし、解体はできても、元通りに組み立てることはできませんでした。親が作ったプラモデルを解体しては、よく叱られていたものです。

大きくなるにつれ解体遊びはしなくなっていましたが、いまも私は何かを解体することに興味があります。

経営コンサルタントの仕事は、相手の発言内容をひとつひとつじっくり読み解き、相手のことをよく知ることから始まります。これもひとつの解体であり、プラモデルを解体していたころと同じように、私は熱中して取り組むことができるのです。

もしかしたら、親によく怒られていたことの中にもヒントはあるかもしれませんね。幼いころ熱中していたことを、日々のライフスタイルの中に取り入れてみることで、今を変えるチャンスが生まれることでしょう。

チャレンジする回数が多いほど、才能開花のチャンス

常に新しいことにチャレンジする姿勢を心がける

「自分の才能を見つけたいが、どこにあるのかわからない、どうやって見つければいいのかわからない」という状況に追い込まれている人もいることでしょう。

ここまで才能を見つけるためのワークやヒントを紹介しましたが、これらを実践してもピンと来ないというケースも考えられます。

そういうときは、とにかくなんでもいいので、やったことのないことにチャレンジしてみることから始めるのもいいでしょう。

チャレンジする回数が多いほど、自分の才能に気づけるチャンスが増えていきます。

行ったことのない街へ出かけてみる、普段はしない自炊に挑戦してみる、手作り工

作をしてみる、資格勉強を始める。些細なことからでもいいので、パターン化しがちな毎日に、チャレンジという刺激を加えてみましょう。

思わぬきっかけから才能開花となるかもしれません。


私も常に新しいことにチャレンジする姿勢を心がけています。最近だと、滝行をやってみたりとか、乗馬の資格を取ってみたりとか。3日間、断食というのにもチャレンジしました。

お金をかけるかけないは関係ありません。お金をかけなくても、得られるものの大きいチャレンジもたくさんあります。また、時間も、たくさんかけるものでも、ちょっとした時間でできるチャレンジでも、才能のかけらを見つける手がかりになることでしょう。

たとえば山登りなら、近場であれば比較的安価な交通費で出かけられ、見晴らしのいい景色に心をリフレッシュするとともに、新しい何かを得られることがあるかもしれません。時間も、簡単なコースであれば、午前の数時間を使うだけで頂上の景色を楽しむことができます。

暑い寒いからとか、坂がきついからとか、虫が嫌だとか、何か理由をつけてチャレンジせずにいるのはもったいないです。

チャレンジすることは才能を伸ばすチャンスとなる

結果的に「自分には合わなかった、得られるものがなかった」ということもあるでしょうが、それは決して無駄ではありません。重ねて言いますが、チャレンジすればするほど自分の才能開花のチャンスはあると思って、また次のチャレンジへ目を向けるようにしましょう。

資格試験にチャレンジして、お金や時間をたくさんかけたにもかかわらずまったく駄目だったとしても、これも決して無駄ではありません。

私も過去にファイナンシャルプランナー検定３級に受かり、そのまま勢いに乗って

2級にもチャレンジしたのですが、3回連続で落ちてしまい、チャレンジを諦めました。3回目はかなり自信があったのに、全然得点にならず、すごく落ち込んで、もういいやとなりました。

しかし、このチャレンジは決して無駄なことではありませんでした。仕事をしながらでも、勉強する時間を作る方法を身につけることができました。移動時間や休憩時間を使って、効率よく吸収する方法のエッセンスを、私はこの資格勉強の際に学ぶことができたのです。

この経験が現在の私の才能を伸ばすことに貢献していることは、間違いありません。またファイナンシャルプランナーの勉強を通し、資産形成や相続のことなどの知識を深めることができました。これのおかげで、これまで関わることのなかった新しい層の人たちと、対等に話せる能力を付けることができました。

試験にチャレンジして落ちるとショックが大きくなり挫折感を味わうこともありま

すが、才能開花に一度や二度の挫折は避けて通ることができません。

「ダメだったのは残念だが、そこから得られたことは何だったか」

と、視点を変えて、次の新しいチャレンジへの糧を手に入れましょう。落ち込む時間は短めにして、チャレンジする回数を増やすことがポイントです。

「個性と強み」を知るには、身近な人に聞くのが一番

自力では見つけられない才能に気づかされる

自分のことをよく知っている身近な人に「私の個性や強みってなんだと思う?」と尋ねてみるのも、才能を見つけるための方法としてお勧めです。

もしかしたら、最も最速で、簡単にあなたの才能を発見できる方法かもしれません。

親に「子どものころってどんな風だった?」と聞いたり、恋人や配偶者、もしくは付き合いの長い友人や気の置けない仕事仲間に「自分の強みや個性ってなんだろう?」と尋ねてみましょう。

周りから言われて初めて気づく、自力では見つけることのできなかった才能の片鱗が見つかるかもしれません。

私は親に「あなたは自由な子だ」という個性をよく聞かされていました。今もこの

自由というのは、私の売りだと思います。

自由な発想で、枠組みにとらわれない自由なやり方で、今の仕事に取り組んでいます。

ちなみにもうひとつ、強みと同時に、自分のネガティブな面も尋ねてみるのもいいでしょう。つまり弱みですね。

私の場合、「頑固」とか「わがまま」というワードを周りから引き出すことができます。とはいえこれらネガティブな言葉が、そのまま自分の弱点になるかというとそうではありません。

私は確かによく周りから頑固だといわれますが、それは裏を返せば「一貫性がある」というとらえ方もできます。こだわりを持って、ひとつのことに熱中して取り組めることとは、私の人生をより充実したものにしてくれていると思います。

そして強みにしろ弱みにしろ、自分にとって唯一無二の個性であることに変わりはありません。そこに照準を当てて意識して伸ばしていくことで、素晴らしい才能に直結することもあり得るのです。

誰かの一言で気づく才能もある

❖「ありがとう」と感謝された事柄に才能が隠されている

誰か他人からの何気ない一言で、自分の才能に気づくこともあります。

私の知り合いで、自分のやりたいことが見つからないのか、なかなか定職に就かない人がいました。

しかし、トラックの運転手をやっていたあるとき、仕事仲間から「営業の仕事が向いてるんじゃないか」と言われました。

その仕事仲間は、彼が根っからの話好きだったので、黙々とハンドルを握る運転手よりも、トーク術が重視される営業職の方が、適性があると感じたのでしょう。

営業職などまったくアイデアになかった彼でしたが、言われるがまま素直に営業職へと転身しました。結果は見事な大当たりでした。次々と成果を出し、営業マンとしてどんどん出世していき、この営業職に定着することができたのです。

もし仕事仲間からの一言がなければ、彼は引き続き定職に就かずどっちつかずの人生を歩んでいたことでしょう。

このような、周りの何気ない一言で、自分の才能に気づけることがあるものです。「歌がうまいね」と言われて歌手を目指したり、「おしゃれだね」と言われてコーディネーターになったり、ちょっとした一言で人生というのは決まることが多々あります。ですから、周りの何気ない一言も聞き逃さず、自分の才能の片鱗が眠っていないか、じっくり吟味するようにしましょう。

とくに大事な一言としては、「ありがとう」と感謝されたり喜ばれたり、「上手だね」というように褒められたことに、才能は隠れています。日々の生活の中で忘れずにいましょう。

レーダーチャートで才能を可視化する

あなたの才能を深掘りし磨き上げる方法

ここまで、あなたの素晴らしい才能を見つけてもらうための、実践的なワークや普段の生活での心がけを紹介しました。

これらを通して、才能のピースとなるものがいくつか見つかってくることでしょう。

ここでは、これらピースを組み合わせて、あなたの才能をさらに深掘りし、より唯一無二のものに磨き上げていく方法を説明します。

これは参考図を見ていただくのがいちばん早いと思うのですが、「レーダーチャート」と呼ばれるグラフの一種を使用します。

レーダーチャートは、ひとつの分析対象に対し、複数の項目で大小を比較するグラフです。学校の成績表や食べ物の成分表などで用いられているのを、あなたも見たことがあることでしょう。

これを使って、あなたの得意分野や強み、ワクワクすることや熱中することを細分化し、大小の抑揚をつけてレーダーチャートにし、目に見える形にすることで新しい才能を発掘していきます。


ポイントはふたつ。

まずひとつは、自由な発想を持って、思いつくままにやっていくことです。あまり深く考えすぎるのはよくありません。

自分の気持ちに正直に、直感に従って取り組みましょう。

もうひとつは、客観的な評価に左右されないことです。周りから褒められたことや感謝されたことはあなたの才能のヒントになりますが、テストや査定などによって下された評価については、ここでは参考としません。

現状で結果が伴っていなくても、あなたが好きなことであれば、レーダーチャートでは大きい方にチェックを入れましょう。

それではさっそく、紙とペンを用意してやってみましょう。

◆次々にレーダーチャートを作成していく

スタートは、ポイントのひとつめの通り、自由に自分の思うままでいいのですが、何か取っ掛かりがないとなかなか手が進まないことでしょう。

ここではまず学校の教科で始めてみましょう。「国語」「理数」「社会」「体育」「図工」「音楽」の6項目はいかがでしょうか。ほかにも思い浮かぶ科目があれば加えていってもいいのですが、項目が多すぎるとレーダーチャートがわかりにくくなってしまうので、増やしすぎには注意です。

項目を決めたら、ふたつめのポイント通り、自分の主観に従って大小をつけていきます。ここでは5段階にします。

レーダーチャートで才能を可視化する

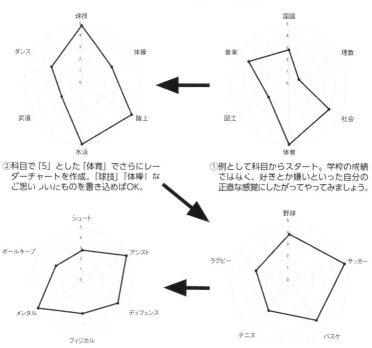

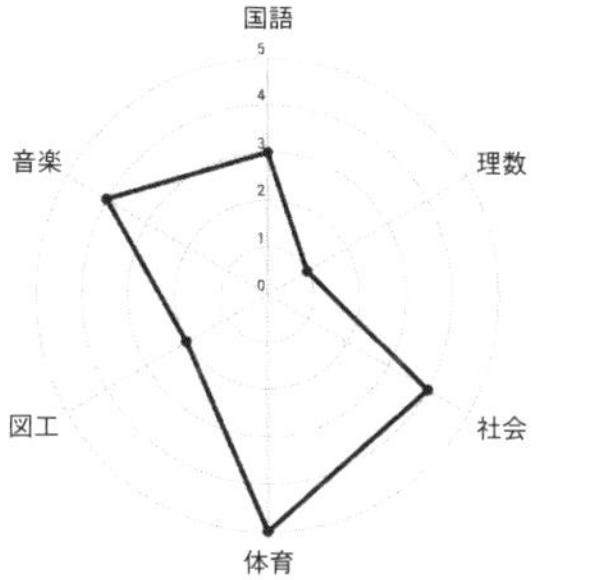

①例として科目からスタート。学校の成績ではなく、好きとか嫌いといった自分の正直な感覚にしたがってやってみましょう。

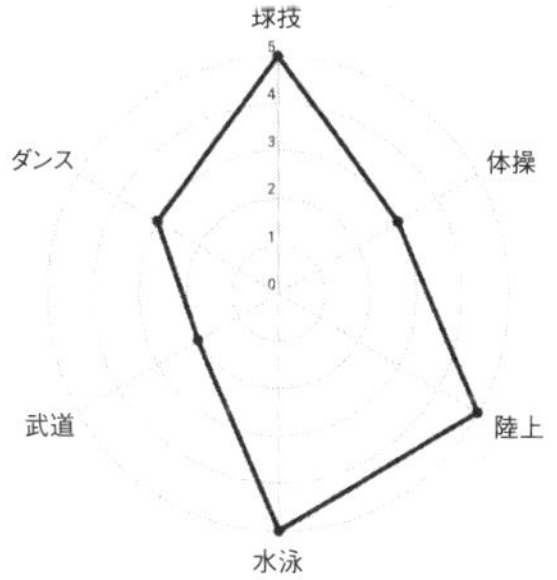

②科目で「5」とした「体育」でさらにレーダーチャートを作成。「球技」「体操」など思いついたものを書き込めばOK。

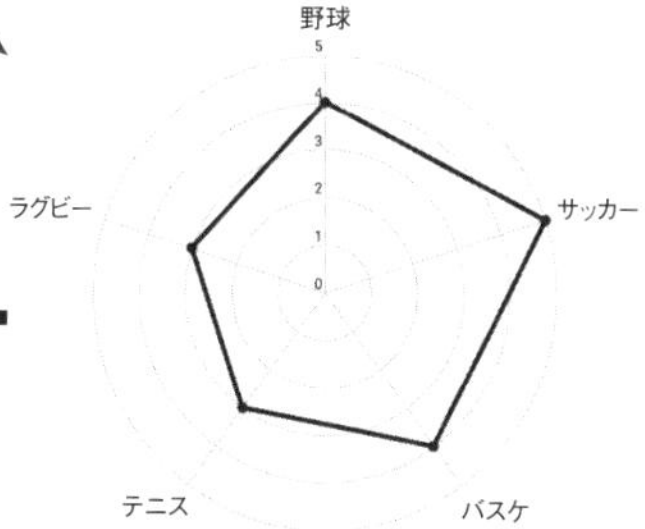

③続いて「球技」で細分化。「サッカー」「野球」「バスケ」が得意であることを把握します。

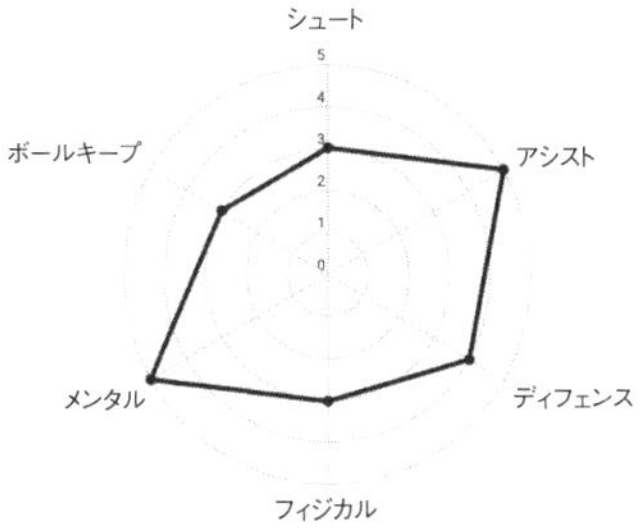

④「サッカー」で細分化。「アシスト」や「メンタル」が強みであることを把握。ここから目標達成の手伝いや、メンタル面でのサポートが自分の才能のピースであることをつかみます。

さらにスタートへ戻り、「4」とした「社会」や「音楽」もレーダーチャートで掘り下げていくことで、あなたの新しい才能を発見することができます。

たとえば国語が「3」、理数が「1」、社会が「4」、体育が「5」、図工が「2」、音楽が「4」といった具合です。ポイントにあげた通り、学生時代のテストの点数や通知表の評価に従うのではなく、自分が熱中していたかや強みにできることかで判断します。

次の段階へ行きましょう。「5」や「4」の比較的大きめにした項目に着目し、さらに細分化してふたつ目のレーダーチャート作成に着手します。

体育を「5」にしたのなら、これを細分化します。

「球技」「体操」「陸上」「水泳」「武道」「ダンス」などが項目の候補になるでしょうか。「自分は明らかに球技が好きだ」というのであれば、いきなり「サッカー」「野球」「テニス」などのレーダーチャートを作成していってもいいでしょう。

やることは同じで、項目をいくつかあげたら、大小をつけていきます。そしてさらに、大きめの項目をテーマにして、レーダーチャートを新たにつくっていきます。

これを繰り返していくことで、あなたの得意なものや熱中できるものが、より詳しく明確に可視化できます。

どの段階まで深掘りしていくかは、あなたが「これだ、これが私の才能だ」と思えるところまでになります。回数に制限はありません。自由に行いましょう。

レーダーチャートによる深掘りであなたが得られることは、いくつかの段階を経たことで、あなたがもっとも得意で熱中できる才能を再確認できることに加え、あなたの才能を使ってできるほかのことも見つけられる点です。

体育、球技、サッカーと段階を経て、さらに「自分はアシストが得意だ」「シュートを決めるのは得意じゃない」「フィジカル（身体能力）よりもメンタル（精神力）で勝負するタイプだ」といった分析ができたとしましょう。

この場合、一言で「サッカーが好き」と言えても、細分化することでより自分の得意不得意が見えてきます。そして、「アシストするのが得意」であれば、「誰かが目標達成するのを支えること」が好きという自分の側面が見えてくるのです。

学校の科目から始めましたが、ほかの視点からのスタートでもいいでしょう。

たとえば生活面、「食べる」「寝る」「歩く」「話す」「読む」などから始めるのも面白そうです。寝ることが好きで、さらに寝るを細分化するなら、寝る際に何を重視しているかという観点で次の項目をつくっていきます。

「枕」「マットレス」「掛け布団」「照明」「音楽」「アロマ」と、思いつくままに項目をつくり、これまでと同様に大小をつけます。枕を重視しているとしたら、枕のどんなことに興味があるのか、これを次のレーダーチャートにしてみるといいでしょう。

いくつかパターンを図にしているので、ぜひ参考にしてみてください。

「5」を付けたものだけでなく、「4」や「3」を付けたものも、より深掘りしたいところです。思わぬところで、思わぬあなたの才能が見つかるかもしれません。

さまざまな観点から、レーダーチャートでの才能の可視化にチャレンジしていきましょう。

発掘した才能を掛け合わせ、よりスペシャルな才能を完成させよう

才能を確認して具体的な仕事を見出す

レーダーチャートで、大なり小なりいろいろな才能が明確にできたら、次はそれらを組み合わせることで、さらに自分だけのスペシャルな才能へと仕上げていきましょう。

たとえば、学校で好きだった科目「社会」を掘り下げていくうち、自分は「いろいろな土地の歴史を調べる」ことに興味があることを再確認したとしましょう。

さらに「話す」ことが得意で、レーダーチャートで掘り下げていったところ、「人前に出て話をする」ことに強みがあるということに気づいたとします。

ここで、「いろいろな土地の歴史を調べる」と「人前に出て話をする」、ふたつの才能を組み合わせることで、自分の新しい才能を見出すことができるのです。

この才能を活かせば、観光地のガイドという仕事が合っているかもしれませんし、歴史資料館で働くことが天職かもしれません。

さらに、オンライン社会である現代の視点でいえば、歴史の解説動画を作成して配信することもできることでしょう。

また、小さいころから「自転車に乗る」ことが好きであれば、いろいろな土地を自転車で巡ることに没頭してみるのもいいですね。

さらにはその旅先で買ったお土産が人から喜ばれるのであれば、それも強みのひとつとして、自身のSNSやブログで各地のお勧めのお土産を紹介するのもいいでしょう。

これを仕事として収益化することも無理な話ではありません。

SNSで紹介していくことで自身のブランディングとなり、続けていき注目を浴びればメディアにも紹介されるようにまでなれるかもしれません。

ブログで紹介する場合も、広告を掲載したりすることで収益化することも視野に入れることができます。

まさに現代ならではのやり方です。

もちろん、自分の才能を活かしてお金にすることは、簡単なことではありません。

しかし自分の好きなことですから、趣味の延長として、最初は収益化できなくても、楽しければそれでいいくらいの気持ちで始めてみるのが望ましいです。

このように、レーダーチャートで発掘した自分の才能をいろいろ掛け合わせることで、伸ばしていくべき本当にワクワクできるスペシャルな才能と出会ってください。

思いついたことをスマホにメモする習慣を継続しておく

才能発掘のための重要なアクション

レーダーチャートを使った才能発掘法は、紙とペンさえあればいつでもどこでも実践できます。ちょっと時間ができた際や、何か新しいことにチャレンジしたいときなど、自由な発想で気ままにやってみるといいでしょう。

これと同様に、隙間時間を使ってやっておきたいのがこまめなメモです。

出先では紙とペンを用意することは難しいですし、いつでも引き出せる手軽さから、スマホのメモ機能を利用するといいでしょう。

頭に思いついたことや、ふと目に入った気に入った言葉、座右の銘、行きたい場所や食べに行きたいお店など、思いついたら書き込んでいく習慣を付けましょう。

周りから言われた何気ない一言や、感謝されたことや褒められたことをメモするのも、才能発掘の手がかりを忘れないための重要なアクションです。

じっと机に向かって「自分の才能は何だろう」とか「新しいアイデアを考えないと」と自分を追い込んでも、いいものは浮かんでこないものです。

何かちょっとした拍子に、そういった課題解決のヒントはひょっこり顔を出します。

大事なことは、出てきた瞬間にきちんとつかまえて、記録して残しておくことです。

頭に入れて覚えておこうとしても、時間とともに輪郭がぼやけ忘れてしまいがちです。せっかくのヒントですから、きちんと正確にキャッチして、さらにメモとして残しておきましょう。

インターネット社会だからこそ、自分の足で情報を取りに行く

真偽不明の情報が氾濫していると認識しておく

私はインターネットの持つ性能と可能性を活かして、最大限の効率化を意識しながら日々の仕事に取り組んでいます。ＡＩ・テレワーク時代に順応特化したやり方で、自分の才能を活かしたライフプランを練ることが、この先を豊かに楽しく生きていくための有効な手段となります。

しかしここで忘れてはならないのが、インターネットに頼りすぎることのリスクです。良し悪し関係なく、真偽も定かではない情報が、恐ろしいほど氾濫しているインターネットの世界なので、取り扱いには十分注意しましょう。

自分が興味を持った何かについても、インターネットで調べると、ポジティブな情

報とネガティブな情報が錯綜していることは多々あります。

どんな情報でも、フォロワー（賛同者）もいれば、アンチ（反対者）もいるものです。

たとえば気になる商品があって、インターネット通販サイトのレビューを覗いてみると、高評価を付けて購入を推奨しているレビュアーもいれば、低評価を付けて買った後悔を書き連ねているレビュアーもいます。

レビューサイトはひとつのものに対して、ポジティブな情報とネガティブな情報が錯綜しているインターネットは、取扱注意な場所であることに間違いないでしょう。

結局のところ、それら賛否両論の情報を加味しながら、最終的には自分の判断で、決めなければいけないことになります。

そこで提案しておきたいのが、インターネット全盛の現代だからこそ、あえて自分の足で新鮮な情報を取りに行くということです。

「百聞は一見にしかず」とはよく言ったもので、インターネットで調べてわいたイメージと、実際に目の前にして五感を使うことで抱くイメージは、まったく異なることを忘れないでおきましょう。

気になる商品があれば、インターネットの評価を鵜呑みにするのではなく、実際に商品が置かれている店舗へ足を運んで実際に触れてみる。

少し前なら当たり前の行動でしたが、インターネットが普及するとそれが億劫にも感じてしまうかもしれません。しかしこれを率先して行うことで、自分の目で見て「正しい」と思ったものだけを手に入れることができるようになります。

たとえば私はラーメンが好きでよく食べに行きます。チャレンジ精神旺盛なので、ラーメンが食べたくなったら行ったことのない店舗を探すことから始めます。

探す方法はもちろんインターネットです。必然とレビューサイトにも訪れることになるのですが、そこには「めちゃくちゃ美味しかった」と称賛するフォロワーもいれば、「全然美味しくなかった」と貶すアンチもいます。

これらのレビューを参考にすることはしません。また、まずいという評判を見たから行くのをやめる、といった選択は絶対にしないようにしています。

自分で食べてみなくては、そのラーメン店の良さ悪さなどわかりません。

確認するのはお店の場所程度にして、まずは自分の足で味を確かめに行きます。

自分の五感をフル活用し感情を鍛える

インターネットの情報に左右されず実際に行動していく姿勢というのも、才能のひとつとして認識し、大切にしていってほしいです。

行動力は、少し前なら生きるために当たり前のことでした。しかし今は、手間を省くためや、面倒だからという理由で、インターネットだけで済ます傾向にあると思います。

それはそれで社会的に通用して問題ではないのですが、自分の五感をフルに活用させる機会を逸しているともいえ、感性を鍛えることが疎かになる可能性もあるのです。

ですから、インターネットに溢れている情報を鵜呑みにすることなく、気になる場所には自分で足を運びましょう。気になる高価な商品はできるだけ店舗で実際に触れてみる、参加してみたいセミナーや交流会は積極的に申し込み、話してみたい人にはメールやSNSツールで済まさず、直接会いに行くよう心がけましょう。

この心がけひとつで、新しい才能の扉を開くチャンスがより増えていくことでしょう。

1日5分だけ「自分と向き合う時間」をつくれば、やるべきことが見えてくる

スマホをいじくる時間があれば自分と向き合う

就寝前や起床後のうとうとしている状態は、潜在意識が一番働いているときといわれています。このときに頭の中で願いことを唱えると、自然と叶えられるように思考や行動が働くようになるともいわれています。

ぜひ、就寝前や起床後に、自分と向き合う時間をつくってください。

たとえば就寝前なら、「今日やったこと」を振り返り、「明日やりたいこと」について考えたり、起床後なら「今日やること」の再確認と具体的なスケジュールを決める、といった具合です。

潜在意識が働いている時間がいちばんですが、就寝前や起床後に時間がとれないの

であれば、ほかの隙間時間でもかまいません。

休憩時間のちょっとした時間を、スマホをなんとなくいじる時間にするのではなく、自分と向き合う時間にしましょう。

私もこの自分と向き合う時間を大切にしています。

毎日やるべきことに追われすぎていると、自分と向き合う時間をついつい怠ってしまいます。このままだと日々を現状維持で過ごしていくことに精一杯になり、新しい才能を見つけ出し、新しいことへチャレンジするための原動力を生み出すことはできません。

本章でご紹介した各種ワークや過去の振り返り方法を、ぜひこの自分と向かう時間に当ててみてください。

そこから、あなたの新しい才能発見につながり、人生がより豊かになる入り口となってくれるでしょう。

第3章

才能を伸ばして、揺るがない自信をつける！

「自分との約束を守った回数」が、今のあなたの自信となっている

第2章を通して、あなたの才能のヒントやピースというものが、いくつか見つかったのではないでしょうか。加えて、それら大小さまざまな才能を組み合わせることで、さらに強固でオリジナリティの高い、まさにあなたにしかないスペシャルな才能が見出せてきたことでしょう。

しかしその才能は発掘されたばかりで、まだまだ原石の状態です。磨いて、輝きを持たせる必要があります。すなわち、才能を伸ばしていく段階に入らないといけません。

また、才能を伸ばしていくとともに、自信も付けていく意識を持ちましょう。自信が付けば付くほど、才能を伸ばしていくことにワクワクが伴うようになり、伸びていくスピードも段違いです。

本章では、才能の伸ばし方と自信の付け方をテーマに、話を展開していきます。才能を伸ばしていく上でまず心がけていきたいのが、「約束を守ること」です。第2章で少し触れましたが、私は以前3日間の断食に挑戦し、見事やり遂げた経験があります。

「3日間何も食べない」という自分との約束を守ったのです。これは大きな達成感を得られましたし、間違いなく自信にもつながりました。何か困難にぶつかったときも「あのときの苦しみに比べれば」と、乗り越えるための糧になってくれています。

3日間の断食自体をお勧めするわけではないですが、何か自分なりの約束事を、1日の中になるべくたくさん散りばめて、達成するごとに自信として身にしていく習慣を付けていくことは、大いに推奨したいことです。

●毎日最低10人には、元気よく「おはよう」と挨拶する。
●玄関先が汚れていたら掃除をする。
●夜10時以降はスマホに触れない。

●明後日までに旅行のスケジュールを組む。

約束というのは、このような小さなことでもまったく問題ありません。才能に関連したものでも、直接は関係していないものでもかまいません。

小さな約束を守り、小さな自信をこつこつ積み立てていく。これを才能を伸ばしていくのと並行してやっていきましょう。

ポイントとして、約束はなるべく曖昧にせず、規定や期限をきちんと設けること。はっきりと「達成した！」と感じられるボーダーラインを設けるようにしましょう。

また、もし約束を守れなかったとしても、自信を失う必要はありません。

私は心身のリフレッシュを兼ねて週1回ジムに通うという約束を、2020年に自分の中で立てていたのですが、コロナの影響もあったり仕事の関係もあったりでついにその約束を破ってしまいました。

約束を守れなかったわけですが、まったく気にしていません。それまできちんと約束を守ってきたことは自信になっていますし、今後も続けていくことでより自信となっていくでしょう。

夜8時以降は食べないという約束も、ここだけの話ですがけっこうな頻度で破ってしまっています。仕事に集中じたいとき、空腹はどうしても邪魔でして……。

私は「人に甘い」とよく言われますが、自分にも甘いようです。ただ、食べることでイライラは解消され、より集中して仕事に取り組めるので、頭が回らないよりはいいよなと割り切っています。

自分との約束は、プラスはあってもマイナスはありません。他人との約束だとそうはいきませんが、自分との約束なので、守れなかったとしても気持ちを落とさないようにしましょう。

「こんな約束も守れないなんて」と落ち込む暇があったら、次の約束を遂行して、自信に変えていきましょう。

心が踊る経験で揺るぎない自信を手に入れる

「傾聴」の才能から導かれた心躍る経験

才能を発揮し成果が出ることで、社会貢献できたり、周りから感謝の言葉をいただき、結果として心が踊るような経験を得ることができます。そしてその心が躍る経験が、その先の揺るぎない自信へとつながっていき、何度も続けていくための、やる気の源となってくれます。

私は、人の話を熱心に聞く「傾聴」の才能があると思っています。

人の話を聞いて、的確なアドバイスをすることで、相手が抱える課題解決の糸口が見つかると、感謝の言葉をいただけます。

これほど私にとって心が躍る経験はありません。この経験があるからこそ、私はこれからもより一層この才能を伸ばしていくことに全力で取り組むことができます。

また、この心踊る経験によって自信が得られ、「見返り以上の貢献ができた」と自信を持って報酬をいただくことができ、事業として成り立たせることができているのです。

才能に裏付けられた、心が躍る経験が何なのかは、ぜひ明確にしておきたいところです。心躍る経験を目指して才能を伸ばし、結果を継続的に出せていければ、大きな自信となってくれることでしょう。

わかりやすい例として、たとえば才能を活かすために資格を取ることが必要であれば、その試験に合格することは、まさに心が踊り出してしまう経験であり、絶大な自信へとつながっていきます。

「自分はこういう風に行動した方が、心躍る経験ができるんじゃないだろうか」という指標で次のプランを立てていくということですね。このようなワクワクできる「可能性」を見つけてもらうことで、行動したくて仕方がない自分をつくりあげることができます。

苦手は克服しなくていい、できることを伸ばしていこう

余計なストレスを感じず、熱中集中できるメリット

第2章で紹介した才能を可視化するレーダーチャートで「1」をつけた項目は、苦手なものだと思います。また、レーダーチャートを使わなくても、「自分の苦手なものといえば」と自分自身に問い掛ければ、得意でないものがいくつか思い浮かぶことでしょう。

これら苦手なことは、克服する必要はありません。悪いところには目を向けず、良いところをより伸ばしていくようにしましょう。

「生きていく上ではどうしても苦手なことは避けて通れないときもある」という意見もあるかもしれませんが、いまの時代においては、そうそうないのではないか、とい

うのが私の意見です。

たとえば最近は、さまざまな代行業が登場しています。

「会社を辞めたいけど、辞表を出すのが気まずい、苦手」という人には、退職代行サービスなる事業まで出てきており、これが思いのほか流行っているそうです。

このような「自分の苦手を避けて通る方法」が、いくつも提案されており、経済の新しい流れを生み出しています。掃除が苦手であれば、掃除代行サービスがありますし、料理が苦手であれば、コンビニやスーパーのお惣菜やデリバリーに頼ることができます。

少し前なら手数料を多く取られがちだった事業も、インターネットの活性化によって、かなり安価にて委託できるようになり、敷居が低くなりました。

私自身、仕事の中で、やらなければいけないけれど、どうしても苦手だと感じてしまう乗り気に慣れない作業が出てきたら、他の人に委託するようにしています。もちろん任せるにあたっては、依頼相手への報酬が発生しますが、苦手なことを任せた分、自分のやりたいことに熱中でき、事業が加速するので、トータルで大きなプラスをもたらしてくれます。

苦手なことを克服しなくていいということは、余計なストレスを感じずに済みますし、おまけに自分の熱中できることワクワクできることに、より集中できるという、素晴らしいメリットが待っているのです。

食事に関しても、現代ならではの苦手回避法があります。苦手なものも無理して食べないと栄養にならない、とはいいますが、苦手なものはどうしても苦手なので仕方がありません。無理して食べて吐いてもいけないですし、何より精神への苦痛が尋常ではありません。

もし足りない栄養素があるならば、例えばサプリメントを頼るという手があります。できるだけ食物から栄養を摂るべきでしょうが、今は苦手は必ずしも克服しなければいけないものではなくなっていることが、食事の例からもいえるでしょう。

私たちはどうしても、「苦手なことも無理して克服しないといけない」という観念にとらわれがちです。これはおそらく、子どものころからの教育に起因する部分が多いと思われます。

マイナスの刷り込みで才能を伸ばすチャンスを失う

苦手な科目で赤点をとってしまい、居残りや補習といった、いくつかの苦いペナルティーが与えられたという経験はをした人もいるでしょう。勉強が苦手だった私は、何回も同じような苦痛を経験しました。

苦手なものを増量してさらに与えられ、自分がやりたいこともままならず、苦手な科目に対してさらにアレルギーを持つようになった。そんな学生生活を強いられると、自分の才能を存分に伸ばし発揮していくチャンスを失う上に、「こんなこともできないなんて」と自信をも失ってしまいます。

このときの刷り込み教育によって、「全ての科目で平均以上を取らないと」「苦手なものも人並みにできるようにならないと」という、強迫観念が芽生えてしまっている可能性があります。

しかし、たとえ机に向かって勉学に励む科目が、オール赤点レベルであっても、体育がいつも100点であれば、それは素晴らしい才能だと思います。

オリンピックに出られるくらいの実力があるのに、赤点科目をなんとかするために毎日苦手な課題をやらされていては、その人の素晴らしい才能を潰すことにもなってしまうわけです。

少々極端な例でしたが、このような悲劇に至らないためにも、苦手なことは苦手なままにし、誰かに任せ、なるべく好きなことだけに熱中できるような環境をつくりましょう。

既存の概念にはとらわれず、やりたいことに熱中し伸ばしていくのが、これからの時代にあった生き方、才能の伸ばし方です。

うまくいかないなら、うまくいく方法を考えよう

一歩引いた視点で課題に立ち向かう

自分自身で「これだ」と決めた才能を伸ばすことは楽しいことであり、基本は順調に自信を付けていくことができるものですが、ときに何かの障壁にぶつかってしまい、自信を失いかけてしまうこともあるでしょう。

もし、立ちはだかった壁に対して、いろいろ対策を練り工夫を凝らしてみても、「うまくいかないなあ」と立ち止まってしまうようになったらどうするか。

今やっていること自体に問題がないか、何かまったくほかの方法によって壁を回避できないか、一歩引いた視点で課題に立ち向かってみましょう。

自分の才能を伸ばすため資格勉強をしているのに、なかなか勉強が進まない。学ん

でいる内容は自分の好きなもののはずなのに。

こう思ったときは、資格勉強そのものを諦めるのではなく、たとえば、

「勉強している環境が悪いのではないか」

「使っているテキストが自分に合っていないのではないか」

「仕事後にするのではなく、起床後にやってみようか」

という視点を持つことが大切です。

才能を伸ばすことがあなたの目的であり、あなたが最も熱中できることです。しかし才能を伸ばすために実践している方法ひとつによって、熱中度合いが目減りしてしまうことも考えられます。

そういったときは、とにかく一度冷静になり、一歩引いた考え方で、方法をそのものを変えるようにしてみましょう。

うまくいくかもしれない方法が見つかった瞬間や、試しにその方法を実践してみた瞬間、うまくいくまでのイメージがはっきりと見えてくるようになります。

こうなると、もうダメになったり諦めてしまうマイナスのイメージは頭の中から消え去っているので、うまくいく可能性はほぼ間違いないといっていいでしょう。

これは、思い込みや錯覚や自己暗示とはまったく違う話です。

むしろ、できるイメージがなければ、うまくいくわけがないというのが自論です。

イメージトレーニングは、とくにスポーツの分野では大事

たとえば、サッカーのシュートであれば、外してしまうイメージを抱いたらできるものもままなりません。

しかし、たとえば、

「相手の意表を突いて反対の足で蹴ろう」

「山なりのボールにしてみてはどうか」

と蹴る方法を変えることでゴールの決まるイメージができれば、あとはもうそのやり方を信じて蹴るだけ。

これだけで成功率はグンと上がるものなのです。

スポーツだけでなく、どのチャレンジにおいてもこれは共通しているというのが、私の経験から自信を持って言えることです。

うまくいかないと感じたら、方法を見直し、うまくいくイメージがわくものを採用しましょう。

イメージできた途端、その方法を続けていきたくて仕方なくなり、ワクワク感も増していき、自信アップにもつながることでしょう。

恐怖の正体を探ることで自信喪失を回避する

原因である外的要因を具体的に書き出す

何か「怖い存在」のせいで自信を失いかけていて、本来うまくいくはずのことも、思うようなパフォーマンスを出せなくなってしまうことがあります。

職場の上司が怖い。トレーニング指導のコーチが怖い。周囲の目が怖い。

挑戦して、失敗してしまったとき、立ち直れないくらい落ち込みそうで怖い。

自分のやりたいことに集中するため仕事を辞めたいけれど、収入激減が怖い。

才能を伸ばしていくにあたっては、人それぞれ種類は違えど、怖い存在との遭遇は避けて通れないことでしょう。

これら怖い存在は、あなたが伸ばしたいと思っている素晴らしい才能とは直接関係ないところに存在する、外的な要因による恐怖です。

あなたの才能のレベルや上達度を否定する内的な要因ではなく、ただ単に行く手を阻む障害物でしかありません。

せっかく自分の才能が見つかり、これから専念し自信をつけていこうと意気込んでいたのに、こういった外的要因に阻害されて自信喪失してしまっていては、元も子もない話です。

そこで、何かしらの恐怖を感じたときは、その恐怖を具体的に書き出して、より詳しくその正体を割り出していくといいでしょう。

お勧めしたいお手軽な恐怖の撃退法です。たとえば、収入減が怖いとします。

①なぜ、収入減が怖いのか。
②それは、家賃が払えなくなってしまうから。
③それでは、家賃はいくらで、毎月いつまでに用意すればいいのか。
④そしてそれを集めるには、具体的にどんな集め方があるだろうか。
⑤アルバイトで週３日働けば、やりたいことを続けながら、家賃も払うことができる！

といった具合で「なぜ怖いのだろう？」「どうすれば怖くなくなるだろう？」と具体的に詰めていけば、「恐怖の撃退法」が見えてきます。

自信喪失による失敗は恐怖の原因を探ることで回避できる

失敗することが怖いときには、これも「なぜ失敗するのが怖いのか」突き詰めて考えていきましょう。失敗というのは誰もが避けて通れないものであり、結局は漠然としている失敗をどうとらえるかが肝心となっています。

さらに、事前に失敗した後の心の持ち方を決めておくことで、この存在がまったく怖がる必要のないものであることに気付けるはずです。

上司やコーチが怖いという人も、彼らのどこが怖いのかを書き出してみましょう。高圧的な態度が怖い、表情が怖い、机を叩く音が怖い、これら怖い理由をきちんと挙げていきます。そしてさらに、たとえば高圧的な態度が怖いのであれば、なぜ高圧的な態度が怖いのかをよく考えてみましょう。

漠然としていた恐怖の対象とじっくり向き合っていけば、大して怖いものではないと気づけることがあるはずです。

また、一項目前の「うまくいかないなら、うまくいく方法を考えよう」で提案したように、上司やコーチを変えるという手段もあるわけです。すべての上司やコーチが怖いわけではありません。転職したりチームを変えたりなど、所属する組織を移ることで、怖い存在から離れることができます。

私もこれまで漠然とした恐怖に襲われることが何度もありましたが、このように具体的に書き出すことで、恐怖心を和らげることができました。

すべての恐怖に有効な手立てではないかもしれませんが、一度こうやって恐怖の正体を探ってみることは有効です。

漠然とした恐怖のせいで自信を失いかけていたら、ぜひ実行してみてください。

習慣化し、日常化し、無敵化していく

毎日の洗髪や歯磨きに近い感覚・習慣にする

才能を伸ばす上で習慣化は欠かせません。あなたが伸ばしたい才能の種類によって多少の差はありますが、才能のことをいち日たりとも忘れる日はないことでしょうし、才能を伸ばすためのトレーニングもほぼ毎日やっていくべきです。

最初のうちは習慣化を徹底的に意識して取り組む必要がありますが、習慣が定着していくと、いずれ日常と化し、やらないと気持ち悪く感じるくらい、当たり前のように毎日やれるようになります。洗髪や歯磨きに近い感覚になれば最高です。

特別な才能をもっていたのが忍者です。その忍者の特訓には、麻の苗木を植えて毎日飛び越えていく修業というものがあります。麻は1日3センチほど伸びるそうで、当然飛び越えの難易度も日に日に上がっていくことになります。

しかし日常的に毎日行っているので、自分の気づかぬうちに跳躍力が増していきます。最終的には、時代劇などで見るような、塀を飛び越えるほどの無敵の跳躍力を手にしていく、という特訓なのだとか。


一体何センチの高さまで飛び越えられるようになるのか想像もできませんが、習慣化することで才能を伸ばすことができる、たいへんイメージのしやすい例だと思います。

日常化していくと、自分でも気づかないうちにスピードや精度が上がっていきます。意識せずともレベルは上がっていき、唯一無二で無敵な才能に仕上がっていくのです。

ちなみにこの習慣化や日常化の意識というのは、才能に関連づいているものなら、何でも実践してみることをお勧めします。

私の場合は、「人とのコミュニケーションをよりよくすることが自身のコンサルティング能力を磨いてくれるので、人にいろいろ尋ねることを習慣に取り入れること」を積極的に行ってきました。

今では、人に尋ねることが日常になっており、そこから相手の良いところを引き出すことにかけては、無敵といってもいいくらいの自信を持っています。

「才能と自信のため、日々の暮らしに、こういうのを取り入れればいいのではないか」というアイデアが浮かんだら、まずは習慣化することから始めてみましょう。

圧倒的に時間をつくれる人が、圧倒的な成果を生む

まずは時間を上手にやりくりすることから始めよう

当然、時間をかけなければ才能は伸びませんし、自信も付きません。

才能を伸ばして「圧倒的な成果」を得たいのであれば、「圧倒的に時間をつくれる」人になりましょう。

時間はすべての人にとって平等です。時間の使い方次第で、他との圧倒的な差が生まれることを知りましょう。

才能を存分に発揮している人を見ていると、つくづく時間の使い方がうまいなと感じます。朝イチでミーティングをして、移動途中の隙間時間にメールを返して、次のミーティングは食事も兼ねて、などなど、効率よくスケジュールを組み立て、空いた

時間には自分の才能を磨くことにも余念がありません。だからこそ、才能が最大効率で伸ばされ、大きな成功を得ているのです。

逆に時間の使い方が下手な人は、なんとなくスマホのゲームをいじったり、SNSのトレンド情報ばかりこまめに漁っていたり、ボーッとテレビを観ていたり、インターネットニュースにコメントしたり…。

そんな才能発掘とは縁のないことばかりをして、1日を無為に過ごしてしまいます。

これらの行動すべてが無駄とは断言しませんが、才能を伸ばす時間を自主的につくれていないという意味では、弊害以外の何物でもありません。

まずは時間を上手にやりくりしていくことから始めましょう。

たとえば「昼の12時から15時まではスマホを絶対に触らない」

「毎週水曜と日曜はスマホとテレビの電源を入れない」

「1時間早く起きて才能伸ばしの時間にあてる」など、自分の才能伸ばしに全力を注げる環境づくりを、自らつくっていく姿勢に取り組んでください。

今の自分というのは、過去の自分の積み重ねでできています。

目先の楽しいことばかりして、半年経って、1年経って、5年経っていたら、何も変えることができません。成長ゼロの自分ができあがってしまいます。

そうならないため、今から才能を伸ばす時間を自らつくっていく意識を持ちましょう。

そして、できた時間には、没頭できることを割り当てましょう。

たとえば資格を勉強するにしても、乗り気になれる勉強でなければ、効率よく進めることができず、圧倒的な成果は期待できません。

動画を視聴しながら勉強するのか、誰か講師をつけて教えてもらうのか、テキストをひたすら解いていくのか、自分がもっとも没頭できる時間の消費方法を選択しましょう。

時間を意識的につくり、そこに没頭できることを割り当て、劇的な成果を得る。この流れは常にイメージして置きましょう。

自分の機嫌を取れる人こそ、自信に満ちあふれている

心が穏やかになり向上心が増し、充実感に満たされる

いつも巧みに、自分のことをご機嫌な状態に維持できていると、より一層自信を持って物事に熱中することができます。

毎日鏡に映る自分に向かって「俺はイケてる！」「俺は最高！」と褒めて、モチベーションを上げ自信をつけている人を知っています。これも自分のご機嫌取りの方法のひとつですが、うまくいく人いかない人ははっきりわかれるかもしれませんね。

私の場合は、自宅に神棚を飾って、毎日水を変えて、朝は「今日もいち日よろしくお願いします」、夜は「今日もいち日ありがとうございました」と祈ってることを、自分のご機嫌取りのひとつとしています。

心が穏やかになり、不思議と向上心が増して、自信に満ちあふれたいち日を送ることができるのです。

このような、自分を瞬く間にご機嫌にできる魔法のような方法は、見つけておきたいですね。

私がコンサルしたある人は、自分の事業を伸ばしたいけれど、なかなか自分に自信が持てず、くよくよしてくすぶっていました。話をうかがっていくと、その人は音楽が好きで、歌を歌うのがとくに得意であることがわかりました。

そこで、事業の休憩時間に、ひとりカラオケで思い切り歌って、テンションを上げてみてはどうかと提案しました。

これが功を奏し、歌うことで自分をご機嫌にし、リフレッシュさせ、自然と自信もわき、より事業に熱中できるようになりました。この人は、歌を思い切り歌うことで自分のご機嫌を取るという、新たな才能を手にしたことになります。

言葉や行動だけでなく、落ち込んだとき即座に吹っ切れるような、自分をご機嫌にできる「発想」というのも大切にしましょう。

仕事でいえば、いつも仕事に追われているような心境だと、ノルマや成果ばかりに気を取られてひとつひとつのパフォーマンスが落ち、うまくいかず負のスパイラルに陥りがちです。

仕事は自分から追っているときがいちばん楽しいものです。

「やらされいてる」という感覚ではなく、「自分からやっていく」という意識を保って、自分をご機嫌で前向きにさせる発想を持つことをお勧めします。

自分で目標を立てて、目標達成のための計画を組んでいく。

自ら率先して追っていくスタイルを築くことで、心の平安を保て、目標達成の暁には、達成感や充実感に満たされます。

もしやらされている感が拭えず、嫌々感も消えないのであれば、それは取り組んでいるそのものが合っていないだけなので、きっぱりと辞めてしまいましょう。

負のスパイラルにはまり続け、立ち直ることのできないところに至ってしまっては元も子もありません。

手遅れになる前に、辞めてしまいましょう。

結果はどうあれ、自分で追っていける「やりたいこと」があると、ご機嫌でいられ、自信を持って続けていくことができます。

自信がわいてきたら、５年先、10年先の未来に期待する

まずはお金の使い方・貯め方から始める

ここまで自信を付けるためのさまざまな方法を挙げてきました。

紹介した方法を活用して、あなたに自信がわいてきたのなら次のステップです。さらにやる気をアップさせるため、５年先、10年先の自分をイメージすることです。

私は、自分の才能を活かせる現在の事業のさらなる成功を願っているので、常日頃から未来のイメージに思いを馳せています。

たとえば、本書がたくさんの方の目に留まり、メディアにも取り上げられ、フォロワーが増え、さらには講演会を開催する機会も増え、仕事もより一層充実…。

そんなことを想像し、ワクワクしながら、この原稿を書き進めているのです。

いくら才能があって目の前の課題をこなせる自信があっても、先々を見越した展開を想定できていないと、目の前のことだけに必死になっていては、長期的なビジョンをつくり才能を活かす場を広げていくことができません。

懐中電灯も持たずに暗闇の中を走り続けているようなもので、同じ道を何度も通ってしまったり、思わぬ落とし穴にはまってしまいかねないのです。

たとえば基本的なところとして、まずはお金の使い方です。

入ってくるお金をすべて食や住、さらには遊びなどに浪費していたら、自分の才能をより伸ばすためのトレーニングにお金をかけたり、人脈を広げていくための資金を確保することはできません。

- 3年後に新しい事業を始めたいから、今年中にこれだけの資金を確保したい。
- 怪我や病気や事業でつまづいたときの万が一のために、これだけは貯めておこう。
- 10年後には広い新居に引っ越したいから、年間でこれだけの貯蓄を目指そう。

このように、先々を見越した上で行動をしていかないと、いくら才能に恵まれていても、活かし続ける場を得ることができません。

このことは、コロナショックの渦中ではより一層、５年先10年先の未来をイメージできているかどうかが問われたように感じます。

倒産や事業縮小の暗いニュースが後を絶たない２０２０年でしたが、一方で、そのような苦渋の決断を選ぶことなく、リスクを被りながらもなんとか踏ん張っているところもあります。

その違いは、「いつ何時、何があるかわからない」というもしものときのために、備えをしていたかどうかで差がついているといえます。すなわち、万が一の未来を想定していたかどうかということですね。

お金のことや経営の話、しかもネガティブな話題に片寄ってしまいましたが、ほかのあらゆること、あなたの夢や目標においても、同様のことがいえるわけです。

自分の才能に気づき、伸ばしていく方法が見え、自信もついてきたら、ぜひ5年先10年先の未来について期待を持たせてください。

あわせて、もしものための備えや、夢実現へ向けての計画もより具体化していってください。

これらイメージがより固まれば固まるほど、その期待が現実になる可能性は高まることでしょうし、万が一のネガティブな事態に遭遇しても、切り抜けることができるでしょう。

「コンプレックスは自分の個性」とわりきれば強みとなる

発想を切り換えて自信につなげる

もし今、「自分のこういうところが嫌だ」というように、自分に対してうんざりした気分になっているとしたら、「視点を大きく変えるチャンス」ととらえるようにしましょう。

誰にでもコンプレックスはあるもので、完璧な人などいません。

私は体が小さいことがコンプレックスでした。

しかし、あるとき背の高い人と歩いていて、その人があちこちに頭をぶつけているのを見て、「背は高いは高いで、いろいろ苦労することがあるんだな」と感じたのを覚えています。そしてこのようにも感じたのです。

「背が低いことも、視点を変えれば良いこともあるのではないか」と。

背が低いことで人混みの中をたやすくすり抜けられるメリットがあるし、アイスホッケーや競馬の騎手など、背が低い方が有利なスポーツもあります。また、視点が低いからこそ見える景色というのもあります。

今では背が低いことを、自分の強みととらえることができています。

「コンプレックスは自分の個性」と知り、視点を変えて、強みとする。

この発想というのは、あなたの自信をより高める上で重要となるアプローチとなります。前述したことですが、私はよく周りから「頑固すぎる」と言われますが、これも「一貫性がある」という個性につながっていて、それを強みとして日々の才能アップに活かしています。

ないものねだりをするのではなく、自分が持っている個性をフルに活かせる思考と環境づくりに専念しましょう。

アイデアは視点を変えることで、新たなひらめきを生む

「もっと何かできないかな」と思考をめぐらせる

コンプレックスを強みとすることで、自分の新しい可能性に気づけるように、視点を変えることで新しい道が切り拓かれることは多々あるので、この思考の展開は常に大切にしておきましょう。

「常に」と宣言した通り、私はいつでもこの意識を忘れないように心がけています。

何かひとつのアイデアがあったとして、そこにまったく別の発想を持ち込んでいくような、視点の切り替えです。

より簡単にいえば「もっと何かできないかな」と、些細なことにも思考を深掘りさせていくことになります。

たとえば、ラーメン好きの私は、近所にオープンしたばかりの中華そばのお店に行ってきました。

そこでの感想は「もったいないな」

つけ麺の店だったのですが、出てきたスープは味は良かったものの、スープがぬるめだったのが非常に残念でした。また、麺も湯切りが甘く、水分がかなり残っていました。

さらに店員さんに覇気がなく、どことなく疲れている印象で、また行きたいとは思えるお店ではありませんでした。オープン初日で行列ができるほどの繁盛ぶりで、たいへんだったのかもしれません。

オペレーションの都合上、どうしても湯切りが甘くなったり、スープがぬるくなってしまうのなら、これらマイナス要素が「マイナスにならない」ように工夫するのもひとつの手段です。

私はラーメンの専門家ではないのであまり安易な考えで言うべきではないのかもしれませんが、たとえば麺が水っぽくても美味しいラーメン、ぬるいからこそ味わって食べられるスープ、といったものを開発する、そういった発想です。

マイナス部分があったとしても、そのマイナスに気づいて、「もっと何かできないかな」という視点を入れることで、マイナスさえもプラスになってしまうような、新しいひらめきや発想のキッカケになることもあり得ます。

木を見て森を見る。それができなければ大きな変化はないと知る

◆自分が得意とする才能をさらに発掘する

ここまで「視点を変える」についての話をしていますが、かなり感覚的な部分に頼った話題なので、まだコツというか全貌がはっきりしないままの人もいると思います。最後に、「視野を拡げるという視点の持ち方」について、さらにヒントとなるものを紹介しましょう。

あることに固執するばかりに、視野がぎゅっと狭くなってしまうことがあります。私もよく陥ってしまう症状です。

たとえば、急いでいるときに限って靴紐がうまく結べなくて何度も結び直す。

でも視点を拡げれば、別にその靴に固執する必要はなくて、靴紐のない靴を取り出して履けばいいわけです。

もっと緊急の事態なら、裸足で駆け出してしまってもかまわないのです。

これはつまり、「木を見て森を見ず」の状態です。

目の前に立ちはだかっている課題ばかりに固執してしまい、全体像が見えなくなってしまっているため、課題を乗り越えるための画期的な手段を思いつきづらくなっています。

乗り越えられないほどの高い壁にぶつかったら、一歩引いてみて、視野を拡げましょう。もしかしたら、ほんの50メートルほど先に、背の低い箇所があるかもしれません。ひびの入った壊れやすい箇所があるかもしれません。扉が付いているかもしれません。

「自分には物やサービスを売る才能がある」と信じて、営業マンとして会社勤めを始めたのに、どうやってもうまくいかず、熱中して取り組むことができない、という人がいたとします。

その人は、営業すること自体は楽しいので、「自分には物やサービスを売る才能がある」という考えは間違いではありません。だから、「自分には物を売る才能なんてないのか」と落ち込む必要はないのです。

大切にしたいのは視点の拡げ方です。

これまでとは違った物やサービスを売る営業の仕事に転職することで、これまでが嘘のような成果が出るかもしれません。「保険を売るのではなく、車を売る方が自分には向いていた」というようなケースがあって不思議ではないのです。

もしくは、雇われて営業していることが才能を活かすのを妨げている可能性も考えられます。その場合は、独立して仕事をするプランを立てることで、より楽しく熱中して、売る仕事に取り組めるかもしれません。

いずれにせよ、自分のことをよく分析した上で、その後の行動を決めていく必要があります。

自分が得意とする才能をさらに掘り起こす必要があるので、第2章で紹介したような才能の発掘法を改めて参考にしながら、視点を拡げつつ、その後の行動を選択しましょう。

木を見て、なおかつ森を見る。

この発想でないと、目の前のことで手一杯になり身動きが取れず、いち日いち日を惰性で過ごすことにもなってしまいます。これでは大きな成長や変化は期待できないでしょう。

課題にぶつかったとき、そして惰性を感じたときに、視点を拡げる発想をより重視してください。

いま、本書を読んでいる自分を褒める

◆大丈夫、問題解決のヒントがきっと見つかる

もし今のあなたが、才能とか自信どころではなく、問題解決の糸口が見つからず悩み苦しみ追い込まれていて、生きることすら苦しい状況であったとしたら。

そんな時に、この本を手に取ったあなたであれば、そのように行動をした自分をまず褒めましょう。

本当に諦めてしまった人は、解決のためのヒント探しすらしません。

「学ぼう、吸収しよう」という前向きな気持ちがなければ、ここまで読んでいません。

現状を打破できることを信じている証です。

あなたは大丈夫です。問題解決のためのヒントが、この本の中にきっと詰まっていますから。

まずは、いまの自分を褒める、認める。

力を抜いて、問題からあえて目を背けて、別の角度から眺め直してみる。ここから新しい道が開けることもあります。

すごくネガティブなときに、無理にポジティブな発想へ持っていく必要はありません。

問題を解決するのではなく、無視する、逃げる、という手段もあるかもしれません。

視点を拡げる意識、新しい視点を持ち込む意識で、現状を変えることができるはずです。

苦手意識のあることにあえて挑戦しよう

仕事も遊びも食わず嫌いにならない

基本的に、得意なことや熱中できることに集中するべきだと私は思います。

例えばあなたが、どうしようもなく大きな壁にぶち当たって身動きできなくなっていたり、才能が伸び悩んでいたり、自信を失いかけているときです。

こんなときには、いわばショック療法ともいえる方法として提案したいのは、逆説となりますがあえて苦手意識のあることに挑戦することです。

目の前の課題に行き詰まったとき、苦手なので後回しにしていた作業に取り組んでみる。ジョギングに飽きたから、苦手なスイミングで体を動かしてみる。

苦手意識を持っていて、最初から選択肢にいれていなかった行動を対象としてねじ込んで、検討してみてください。

「仕事も遊びも食わず嫌いにならない」というのが私の信念です。

やる前から「苦手かも」という先入観を持って遠慮するようなことはせず、とりあえずチャレンジすることから始めます。

苦手意識のあることに挑戦すると、意外と得られるものもあります。

それが経験だったり、人間関係だったり。

自分がこれまで避けていたことですから、自分の知らないことがたくさん見つかるのもうなずけます。

実際にやってみて「やっぱり苦手だ」と思ったら、もうやらなければいいだけ。

苦手なことがはっきりと判明し、なおかつ新しい刺激と発見を得られたのだとしたら、費やした時間に対する見返りは大きいものになります。

その際に気をつけたいことは、きちんと挑戦する期限を設けること。

たとえば、苦手な科目を勉強して資格取得を目指した場合、

「試験チャレンジは3回まで」「1年間だけ」

というように、具体的な回数や日数を設定しましょう。

期限を設けず始めてしまうと、たとえ苦手ということを痛感していても「ここまで来たし」と嫌々続けていくことにもなり、かえってストレスになってしまいます。

ほかの才能を伸ばす妨げにもなるし、ずるずる続けても一向にうまくいかなかったら自信喪失するだけです。

完全に自分のものにするという気持ちではなく、あくまで刺激程度の気持ちで、苦手意識のあることに挑戦しましょう。

いまの自分を諦める前に確認すること

本当に「もう十分、満足だ」と感じているのか

才能を伸ばしていく上では、うまくいかないことが当然ありますし、うまくできたと思ってもネガティブな評価を下されることもあります。

才能と自信の向上を阻む障壁というものは、至る所に存在します。

自信を取り戻すことができず、「自分にとってこれが本当に伸ばすべき才能だろうか」と疑問や迷いが消えず、才能を伸ばすことを諦めようと思うこともあるかもしれません。

「もうダメだ」という限界まで来たら、「諦めるな」とは言いません。

そこで止めることは悪くないと思います。

いつまでもくよくよして身動きの取れないまま、できない自分のことを責めている暇があるのなら、新しい才能の発掘や出会いを求めていく方が効率がいいですし、自分の自信にもつながると思います。

ただ、本当に諦めてしまう前に、いくつか確認はしておきましょう。

まず、もう一度あなた自身に問いかけてみてください。本当に諦めてしまっていいのか、自分の気持ちに正直になってみましょう。

才能を伸ばすこと自体が嫌になったのではなく、別の要因によって諦めを感じてしまっているのかもしれません。

本当にその才能そのものを諦めたいのか、それともまだ才能に対して情熱を注げる可能性が残っているのか、よく吟味してください。

引き続き才能を伸ばせそうと考えが改まったなら、いまのやり方がまずいだけかもしれません。

本章で提案してきたことを読み返して、才能を伸ばす別の方法を見出すべきです。

私自身、これまでさまざまな批判に晒されてきました。

学生時代は「勉強ができなさすぎて、塾から受け入れを断わられたこともありました」し、先生や友人から馬鹿にされたことも多々ありました。

起業後も事業が思うように軌道に乗らず、諦めかけたこともあります。

しかし、「本当に諦めていいのか」と自分に問いかけてみると、

「やっぱり成り上がりたい」

「馬鹿にされてからがスタートだ」

という気持ちが強く、続けていくことを決意しました。

その後も失敗と成功を重ねて、いまの地点にまでたどり着くことができています。

もしあのとき「もう十分、満足だ」と感じたら、いまの自分はなかったことでしょう。

でも、また別の道で、別の才能と出会い、その才能を伸ばして自信をつけていたことだろうと思っています。

もしあなたが「もう十分」と感じたのだとしたら、その才能を伸ばすことを止めてもいいと思います。

心に問いかけてみても答えが見えてこないなら、少しだけ時間を置くのもひとつの手です。いち日思考をストップさせる日を設けましょう。

私も、考えることがいっぱいありすぎて、もうどうにもならない、逃げ出したい、疲れた、となってしまった日には、朝から晩まで近くの温泉施設に篭ります。

何も考えず、心を空っぽにして、湯に浸かり、サウナに入り、体を風にさらします。リフレッシュ、エネルギーの充電ですね。単純に元気になれます。すると、次の日から見違えるようにパフォーマンスを上げることができます。

思考の再起動ができているので、新しい視点で取り組むことができ、これまでつまづいていた課題に的確な解決法を見出すことができます。

諦めたい気持ちが起こったときは、こういったリフレッシュが必要な時かもしれません。

ただし注意すべきことは、このリフレッシュタイムも必ず期限を設けることです。

私の場合はいち日だけ。期限を定めずだらだら続けていたら、もう戻ってくることはできません。諦めたも同然です。

自己満足も自信になる

見返りを求めない貢献は精神的な見返りとなる

本章の最後に、少々「変わり種」の自信アップ術を紹介します。

ずばり、寄付・献血・ボランティアなどです。そう、見返りを求めない貢献活動も、自信になります！

私の場合、献血にはよく行きますし、コンビニやスーパーで買い物したとき10円以下のお釣りの端数が出たらレジ横の募金箱へ寄付しています。

こういった活動を偽善だ自己満足だという人もいますが、それでもいいと思います。誰かの役に立てたという自己満足感が、自分の自信につながり、次への行動のエネルギー源にもなってくれるものですから。

物質的な見返りを求めない貢献活動は、精神的な見返りが絶大だと思います。

もうひとつ、私がよくやっている貢献をひとつ。

私は、飲食店で用を足すとき、トイレが汚れていることに気づいたら掃除をするようにしています。洗面台が汚ければ拭き、トイレットペッパーが散乱していたら片付けています。

別に誰かに感謝されるわけでもなく、見えないところでする正真正銘の見返りを求めない行為です。

少し前にはトイレの神様という言葉が流行りました。

トイレを清潔に保つと金運が上がるなんてこともいわれています。どんなご利益があるかわからないですが、自己満足にはつながります。

使用したほかの誰かが「ここはご飯やお酒は美味しいけど、トイレは汚いな」と思われてしまったら、お店の印象ダウンにつながってしまいます。そういった事態を避けるためにも、掃除をしているという面もあります。

これもやはり自己満足の世界ですが、見られていないところでする行為が、献血や募金と同様、私の自信を確実に押し上げてくれています。

全ての人にとって自信アップにつながる術ではないかもしれませんが、この活動を広めることで、日本中のトイレが綺麗になってくれると嬉しいので紹介した次第です。

訪問先でのトイレ掃除、試しにぜひやってみてください。

第4章

オンライン時代に不可欠な「人脈」のつくり方

人と人が出会う奇跡

「人と人とが出会う確率は、自宅のトイレに隕石が落ちてくる確率よりも低い」

そんな説を聞いたことがあります。

少々誇張した表現かもしれませんが、そのくらいある特定の人どうしが出会えることは、奇跡的な確率であるということです。

改めて、ひとつひとつの出会いを大切にしたいと感じられますね。

オンライン時代が到来し、いち日誰とも会わなくても、仕事も買い物もできてしまう時代となりましたが、こんな時代にこそ、人との出会い、人脈の広がりというものは、大切にしたいものです。

私も、オンライン、オフライン問わずいろいろな人と会うようにしています。

自分から会いに行くのはもちろん、「会いたい」と連絡してくれる人とも、なるべく予定を空けて会うようにします。

出会うことで「脈」ができ、血を通わせるような「交流」を経て、大きな「人脈」の流れができあがります。

その入り口づくりを、大切にしましょう。

オンラインであればよりたくさんの人と短時間で会い、人脈をつくることも可能です。本章では、オンライン時代ならではの人脈の作り方や広げ方について言及していきます。

まず、「ひとりでは何もできない」という考えを持つ

◆人間関係は「サークル型」をイメージする

「仕事」は、完全にひとりでやるということはほぼあり得ません。

自分が得意なところを担当し、苦手なものを周りの得意にしている人に任せるのが基本です。趣味なら、周りと協力して楽しむものもあれば、語り合う仲間がいて、意見を交わし合うことでより楽しさを究めていくのが基本です。

仕事では、私は数字が苦手なので、数字を使う作業はほかの人に任せるようにしています。仲間たちの集まりの場をセッティングする際も、お金のことはできるだけ、数字を得意としている人にお願いしています。

さて、人間関係を構築する際の大切な基本原則は、「ピラミッド型」ではなく「サークル型」をイメージすることです。

組織ではピラミッド型の関係性が経営を円滑にする上で必要なこともあるでしょうが、人間関係においては、得意不得意といった違いはあっても、年功序列や身分の差は一切関係ありません。

職場には上司や部下や同僚がいて、プライベートには家族や親友がいて、趣味のコミュニティには遊び仲間がいて、よく行くお店には顔見知りの店員がいて……、というように、自分を中心に据えた人間関係の広がりをイメージしましょう。

そして各々に得意としている才能というものがあり、お互いを支援しあって、私たちの生活はより豊かなものとして成り立っています。言い換えるなら、周りにいる支援者の存在無くして、自分の才能を活かしながら楽しく豊かに生きることなど、不可能なわけです。

「私たちは、ひとりでは何もできない」という考えを持ち、常に人とのつながり、人脈を大切にしてほしいものです。

人脈といっても、太さ細さは関係ありません。ちょっとした小さなつながりでも、自分にとって頼もしい追い風になってくれるものです。

私の住んでいるマンションにはジムが併設されているのですが、私はあえてそこには行かず、ちょっと歩いたところにあるジムに通っています。なぜかというと、マンションのジムは、基本的にマンションの利用者限定の施設のため、常に出会う人が少ないからです。

その点、現在入会しているジムは理想的な体型の人もおり、すぐ近くに目標を置いておくことができます。彼らを見て、「自分もああなりたい！」と思えばこそ、毎日大きな負荷に耐えられるだけのやる気の源を得られます。

細い細いつながりなのですが、彼らマッチョな方々のおかげで、私はジム通いを続けられ、鍛えることに集中することができているのです。会費だけで考えると高くつくのですが、私にはこのやり方の方が合っています。

自分だけでできないことは人脈でカバーできる

才能を活かす時間を確保し高みを目指す

第3章までに述べてきましたが、自分にふさわしい才能を見つけて、その才能を伸ばす方法を体得していれば、「才能が足りていないせいで前へ進めない」というケースはほとんどないでしょう。

思うようにいかない理由の多くは、自分ひとりでたくさんの課題を抱えすぎていることにあります。

そういうときは、人にやってもらう発想に切り替えていきましょう。

私も前職の人材コーディネーターのころ、仕事が溜まりすぎてたいへんな思いをしたことがあります。そんなとき、自分だけでは処理できない仕事を、ほかの人に依頼するようにしたところ、作業効率が2倍以上になりました。

「自分がやった方がミスなく早くやれる」

と思い自分ひとりで抱え込んでいたのですが、多少の精度が落ちても、人に任せる方が、自分の才能を全力で活かせる作業に集中できるため、結果的に全体のクオリティは抜群に上がったのです。自分でなんでもやろうとする考えは捨てて、誰かに任せられることは任せてしまいましょう。

いかに自分の時間を作れるか、自分の才能を活かす時間を確保できるかが、より高みを目指すための近道です。人に任せるためには、当然ですが人脈をできる限り広げておく必要があるので、常に人脈づくりには力を入れておきたいですね。

人に任せて楽をすることは決して悪いことではありません。作業を分担することで、全員にとって最大限の楽な環境をつくり上げましょう。

自分だけでは克服できないほどメンタルにダメージを受けたとき、この人脈によってマイナスな気分を吹き飛ばすこともできます。

私はかつて、経営に窮したとき、できるだけたくさんの社長に会ってお話を伺いました。

その結果、その方たちの苦労話やエピソードに比べたら、私の現状なんてまったくのカスリ傷だと感じるくらい濃い内容のお話を聞くことができました。

「このくらいなら全然大丈夫じゃん」と気持ちが軽くなり、自信を取り戻すことができました。これも人脈のなせる力でしょう。

自分を救ってくれるのは絶対に人、人脈の力です。倒れそうなとき、支えてくれる人がいればいるほど、心の支えは強くなりますし、前進する力も得られることでしょう。

オンラインは人脈形成の「入り口」と考える

まずは「合う人合わない人」を精査する

「人脈を広げたくても、出会いのきっかけがない」

と嘆く人がいますが、オンライン時代となった現代でその言い訳は通用しません。

結婚相手の候補さえスマホのアプリで探せる時代です。仕事であれ趣味であれ何であれ、インターネットにつながる環境さえ整っていれば、人脈を広げる方法はたくさん考えられます。


「インターネットで人と知り合うのは怖い」

「怪しい商売を勧誘されたらどうしよう」

という不安や警戒心を抱いている人もいるでしょうが、違和感に気づいたらすぐに関係を絶てばいいだけです。オンライン上だけの付き合いですから、交流さえ切ってしまえば、面倒に巻き込まれることはありません。

付き合いの見直しが瞬時にできる点は、オンライン時代の人脈形成ならではの特徴といえるでしょう。

一方で、オンラインによる交流が頻繁になればなるほど、人付き合いが希薄になっていくという見方もあります。

確かにメールやSNSやチャットだけの付き合いだと、表面上だけの付き合いになりがちかもしれません。ですから、オンラインでの人脈形成はあくまで「入り口」であるととらえてください。

オンラインという入り口で、まず自分に「合う人合わない人」の精査をします。合う人とはさらなる関係構築をするため、実際に会う約束を取り付けたりといった、次の段階へと進むべきです。

物理的な距離の関係や、コロナによる自粛といった外的な要因によって、直接会うことが叶わない場合は、オンラインで連絡を取り合う時間をより長く濃くしていきましょう。

インターネットがなかった時代は、いち日で100人の人と知り合うことはとうてい困難でしたが、現代であれば決して難しい話ではありません。

このインターネットの特性を活用して、入り口部分でたくさんの人と出会えば出会うほど、よりいっそう、自分と合った人とたくさん出会える確率が増します。

トイレに隕石が落ちるくらいの可能性を、いち日に何回でも味わうことができるのです。

人脈を切り開くことで、自分の新しい可能性も開ける

無理と思えることも環境を変えれば一変できる

人脈形成においては、恥ずかしいとか怖いといった感情をなるべく抑えて、果敢に飛び込んでいく姿勢を心がけましょう。

勇気を持って新しいコミュニティの場へ飛び込むことで、環境がガラッと一変し、自分の才能をさらに伸ばせる機会を得ることができます。

もし私がいま突然「東大に入ろう！」と思い立ったとして、絶対に入るのは無理、とは思いません。もちろん現状の学力では無理ですが、熱意を持って勉強に励めば、受かる可能性も否定はできません。

そのために有効な手段となるのが、環境を一変させることです。

東大を目指している生徒たちが集まる教室に私も参加し、仲間たちと切磋琢磨していけば、私の気持ちが切れない限り、学力は確実に上がっていくのではないでしょうか。

東大合格というちょっと実現がむずかしい例を出してみましたが、仕事や付き合いでも、環境さえ変われば自分を変えることができるのです。

そのためにも、常に新しい出会いの機会は設けていきましょう。

あなたなりの届けたい「メッセージ」を考えよう

「自分にできること」を相手に伝えるのは重要

人脈形成の事前準備としてやっておきたいのが、あなたが届けたいメッセージを温めておくことです。

結婚式や同窓会などの集まりの場で、みんなの前で挨拶の言葉を述べてほしいと頼まれたら、事前にどんなことを言うか、頭でイメージしたり紙に書き出したりします。

これと同様に、新しい人との出会いの前にも、あなたの価値を詰め込んだメッセージを用意しておきましょう。

どんな経歴だとか、どんなことが好きだとか、学生時代に何をやっていたとか、休日の過ごし方とか。

こういった一般的な話はもちろんのこと、やはり相手に率先して伝えたいのは、あなたの才能についてです。

第2章で紹介した才能発掘方法を参考に、あなたの価値を隅々まで洗い出して、人脈形成時に届けるメッセージとして頭の中にインプットしておきましょう。

「私の仕事は、経営者や個人事業主の事業が発展するのをお手伝いすることです」
「私は読書が好きで、読んだ本の感想をブログやツイッターに載せています」
「私の夢は貧しい国の人も健康を維持できる、安くて栄養満点の食品を開発し、世界中に広めることです」

「自分には何ができるのか」を相手に過不足なく伝えることはたいへん重要なことです。こちらのことを開示することで相手への安心材料になりますし、何より応援したくなる気持ちを掻き立たせることができます。

オンラインでの初顔合わせが主流となっていく現代社会ではとくに、メッセージ作成は大切なものとして覚えておいてください。

私の仕事に興味を持ってくださり、会いに来てくれる人たちがいるのですが、残念ながら自分のことを何も話さずに会合を終えてしまうことも多いのです。

せっかくの貴重な出会いの場ですし、何か今後広がっていく展開に話を持っていきたいのですが、相手のことを知らなければ何もしてあげられません。

こちらから問いかけたりして、具体的な話に掘り下げれば相手からも出てくるのですが、できれば伝えたいメッセージを事前に用意しておいてほしいものだと感じます。

その方が過不足なくより円滑に、お互いがお互いの価値を発揮し、高め合うことができるでしょうから。

「孤独なのは自分だけではない」と知ると共存意識が高まる

ひとりの時間が増えるとネガティブな思考に陥りやすい

２０２０年のコロナショックにおける緊急事態宣言下では、多くの人が孤独と戦うことを余儀なくされました。

外に出られない。人と会えない。仕事がない。できることが何もない。テレビをつければ感染者数や死亡者数の報告。倒産や自殺など、コロナの影響でネガティブなニュースが途切れることなく流れてきました。家族がいる人ならまだしも、一人暮らしの人は、相談できる相手もおらず、耐えがたいほどの寂しさを感じたことでしょう。

孤独をいちばん感じるのは、「社会とのつながり」を感じられないときです。仕事をする、家族を支える、将来のために勉強する。

こういった社会とのつながりがもたらされる活動がストップすると、人は大きな喪失感を抱き、孤独であることを痛感し、ふさぎ込んでしまいます。

コロナ禍においては私も、１週間ほど仕事が完全に途切れてしまうという事態に遭遇しました。このときは本当に体が震えました。

「この先どうなってしまうのだろう」という不安と孤独感に押しつぶされそうになったのです。世界から置き去りにされてしまったような気分で、社会とのつながりが欲しくて仕方がありませんでした。

このときのように、社会とのつながりがなくなってしまうことが誰にでもあり得ます。震災や病気など、これから先の人生でも、同じような事態に遭遇することは十分に考えられるのです。

そのようなときのため、事前に知っておいていただきたいことは、自分と同じように社会とのつながりが絶たれ、孤独を感じている人が、たくさんいるという事実です。

「孤独なのは自分だけではない」

このことを踏まえておくだけで、孤独感はだいぶ薄まると思います。

また、ひとりの時間が増えると、ネガティブな思考に陥る時間が増えてしまうので、できるだけ共感しあえる仲間とつながるようにしましょう。

メールやラインの交流履歴を見返したり、実際に友達に連絡をとってみるのもいいでしょう。

孤独を感じているときに、旧来の知り合いから送られてきた「今は大変だけど、落ち着いたら飲みに行こうな」というラインメッセージに心が救われました。

私は、同じ気持ちの仲間がいることを知り、共存意識が芽生えたことで、心の負担がだいぶ軽くなったものです。

もし、コロナショックがオンライン全盛期の前に到来していたら、インターネットを介したコミュニケーションは皆無で、リモートワークもできません。

人とのつながりの手段が皆無だったら、もっと多くの人が失業や孤独感で追い込まれていたかもしれません。

このオンライン時代にコロナショックに襲われたことは、まさに不幸中の幸いであったともいえますね。

オンラインで精査できる力を身につけよう

オンライン上で付き合いで留意すべきことは

オンラインだと短時間でたくさんの人に出会える反面、自分に合う人合わない人の精査が必要なので、速やかにかつ正確にできる力を身につけておく必要があります。そうしないと、合わない人ともずるずる関係を続けていくことになり、お互いにとってプラスにならない時間を過ごすことにもなり、非常に無駄となってしまいます。

実際に会うのとオンライン上で会うのとでは、相手に抱く感触というのもだいぶ異なっています。

たとえば、実際に会ってお互いのことを知っていくお見合いと、リモートで行うオンラインでの合コンを比べても、前者の方が圧倒的に相手の価値観や人格というものが把握できやすいはずです。

オンライン上では、お互いに公開している部分が一部でしかなく、内面も含めた相手の全体像を知ることは非常に困難といえます。

中には、オンライン上だと一層自分を取り繕う人もいて、本当の自分をなかなか出してくれないこともあります。そこで、オンライン上の付き合いでは、以下の点に留意しながら、人脈をつなげたり広げていく相手を絞っていきましょう。

まず、自分の話ばかりで相手の話を聞かない人と知り合ったら、速やかに交流相手候補から外しましょう。オンライン経由の交流だと、相手が目の前にいないこともあり、会話が一方通行になりがちです。

この点に気を配り、こちらが話したら相手に振り、相手が話に区切りをつけたらこちらが話す、という会話のキャッチボールを意識してくれる人とは、さらに交流を深めていくといいでしょう。

また、逆にこちらも、自分の話ばかりにならないよう、この点には気を遣うようにしましょう。

続いて、自分を優位に立たせようとする人にも注意しましょう。

オンライン経由だからなのか、なぜか尊大で、相手よりも自分の方が格上であるかのような態度をとる人がいます。要するに、常に偉そうにしている、ということです。こういう方とは付き合っていてもいいことはあまりないので、その場限りの交流で終えることをお勧めします。

契約が成立しなくても楽しい時間となればいい

さらに、仕事上であれば、こちらに対して常に警戒心を抱いていて、なかなか心を開いてくれない人も、私は交流は一度だけにして縁を切るようにします。

中には、私の自己紹介に対していちいち「それって営業ですか？」と反応したり、「お金儲けがしたいだけでしょ」とでも言いたげに終始警戒心を緩めず、私のことを敵視するような態度に出る人も稀にいます。

こちらの気分としてはあまりいいものではありません。

ビジネスの話ですからもちろんお金のことは絡んでいますが、必要以上に相手からお金を取ろうといった意図を、私は絶対に持ち合わせていません。

それどころか、仕事として契約が成立しなくても、楽しい時間が設けられればいいと思っているくらいです。ですから、楽しい時間をつくることに対して非協力的な人と交流すると、余計に虚しい気分になってしまいます。

オンラインだからこその警戒心なのでしょうが、こちらからいろいろなアプローチをかけても、まったく心を開いてくれない人は、残念ながらこれ以上の縁を広げることはできません。オンラインだからこそ、相手の本性が垣間見えたり、逆に本音の部分を隠されてしまいがちです。

ここで紹介したような言動や態度をとる人がいたら、早めに関係を断つことを視野に入れましょう。

とはいえ、これらすべてを精査基準とし、人脈を正しく取捨選択するのは、いきなりは無理かもしれません。結局は経験数ですので、オンラインを介した人との出会いを積極的に、たくさん経験するのがいいでしょう。

精査する力は少しずつ、実践で付けていってください。ただし、オンラインでの出会いに対しては、〝奥手〟にならないことが大切です。

リモートでも本音で語り合うには自己開示から

「自己開示」は仲間意識を高める最良のテクニック

リモートでの出会いだと、相手がなかなか心を開いてくれず、四苦八苦することがあるかもしれません。また、相手との距離を近づけるチャンスが見つけられずに、苦労することもあることでしょう。

そうしたときに活用したいのが自己開示です。

「事前に相手に届けたいメッセージを用意しておこう」という提案をすでにしましたが、自分ができることや得意としていることを温めておきましょう。

さらには、恥ずかしかったことや苦労したこと、鉄板の面白エピソードなど、事前に自分に関連した話題そろえておくといいでしょう。

相手との距離をグッと縮め人脈を広げる突破口となります。

もちろんこちらが一方的に話すだけでなく、相手からも話題を提供してもらえるような気配りは心がけましょう。

相性の良い相手との交流であれば、距離がどんどん近づいていき、本音で語り合えるような関係へと進展していくことができます。

自己開示は、仲間意識を高めるための最良のテクニックです。

オンライン、オフラインを問わず、初対面で気まずい雰囲気だったり、相手との距離が遠い印象であったら、まずは自己開示から展開していきましょう。

本音で語り合うための第一歩となります。

遊び心を入れて印象を深く残す

さまざまなアイデアもセルフブランディングの一環

第1章でも述べた通り、AI・テレワーク時代においては、マニュアル通りに動く作業は人工知能を搭載したロボットが請け負っていくことになります。

私たち人間は、ロボットには真似できない個々の価値を発揮できる仕事に専念していくことになります。

個々の価値というのは、唯一無二の才能や伸ばしているスキルのことなのですが、これらを周りに知ってもらわないことには、価値を発揮する場というのは生まれてきません。

そこでこれからの時代を生き抜くために私たちが意識するべきは、「セルフブランディング」です。文字通り、セルフ（自己）をブランド化することです。周りにあなたの印象、個性、強み、才能などを、深く浸透させる施策を徹底していくのです。

この施策を行っていれば、たとえば、

「可愛いイラストを描ける人といえば」「バイクに詳しい人といえば」

というように、周りでニーズが発生した際にあなたの存在を思い出してもらえ、人脈を活用した新しい活躍の場を得ることができます。

セルフブランディングといっても、やることは非常にシンプルです。普段のさまざまなところに、「あなた」を連想させる遊び心を盛り込んでいけばいいのです。

たとえばＳＮＳのアイコンに描いたイラストを設定したり、ウェブ会議の背景画像に好きなバイクの写真を設定したり、といったアイデアもセルフブランディングの一環です。

オフラインにおいても同様で、トレードマークになるようなものを身近に置いておくことで相手にインパクトを残すことができます。

私自身もリモートでの会議が増える中で、そういった趣向を凝らした人がいたら話題に触れて広げています。ほぼ意図があるので会話が弾むことがよくあります。

芸能人やインスタグラマーなど、人前に出る仕事の人がこういったセルフブランディングを心がけていますが、前述の通りこれからの個々の価値が問われる時代においては、誰もがこのような感覚を持って行動すべきと感じています。

周りに自分のイメージを浸透させないと、せっかく人脈を築いても忘れられてしまい、才能を活かす場は発生しません。

ちょっとした遊び心の感覚で、日々の暮らしの中に、セルフブランディングを取り入れていきましょう。

巻のオンラインサロンに学ぶ人脈形成術

「鬼ごっこする人この指と～まれ」の発想

オンライン上における人脈形成の集大成ともいえるものが「オンラインサロン」です。実業家やスポーツ選手、影響力のあるブロガーやインフルエンサーなどが立ち上げる、ファンサークルに近い集まりで、オンライン時代ならではの親密な交流が行える点が魅力となっています。規模の大きいオンラインサロンとしては、キングコングの西野亮廣さん主宰の「エンタメ研究所」実業家の堀江貴文さん主宰の「イノベーション大学校」などがあり、著名人主宰によるサロンが数多く立ち上がっています。

オンラインサロンでは、主宰者のパーソナリティや方向性に共感する有志が集い、主催者側がオンラインやオフラインでさまざまな仕掛けを施しイベントを開催しています。主宰者との親密な交流だけでなく、志を同じくした同志たちとも出会え、人脈を広げていくことができる場となっているのです。

西野亮廣さんのオンラインサロンを例にするとわかりやすいのですが、たとえば「〇〇イベントやりますよ」と告知し、事務や企画やクリエイティブな作業を担当するスタッフをそれぞれ募集し、お金をほとんどかけることなくイベントを開催、次々と大成功に収めています。これはいわば、子どものころにやった「鬼ごっこする人この指と～まれ」に近いものではないでしょうか。

まず影響力のある人物が中心となって手を上げ、面白そうだと感じた人たちが集まってくるという段取りは、オンラインサロンから学べる人脈形成の真骨頂だと思います。

オンライン時代ではたくさんの人とつながれるツールであふれています。

オンラインを入り口として、共通点を持った気の合う仲間たちの集まりができれば、それもひとつのオンラインサロンです。

その、同志たちの中で「こういうことやりたいのだけど、一緒にやりたい人いませんか」と、この指とまれの要領で提案していけば、ひとりの才能だけではできなかった新しいことへのチャレンジが叶えられるようになります。

仮にこの集まりの中ではメンバーが不足していたとしても、仲間の内の、さらに仲間の中から、候補を見つけることだってできます。このような柔軟な人脈の広がりも、オンラインのなせる技といえるでしょう。

もちろん、オンラインサロンのように大々的に看板を掲げる必要はないですし、オンラインサロンへの参加を勧めることもしませんが、オンライン時代の人脈形成最前線ともいえるオンラインサロンについては興味を持ち、学べるところはどんどん吸収していくといいでしょう。

私も、日々いろいろな所から学ばせてもらっています。

第5章

テレワークでの働き方を最大限に活かすスキル

無駄を省いた、最強の働き方という認識を持つ

インターネットテクノロジーの進化と浸透によって、時間や場所が限定されることのない、革命的な働き方が次々と提案され、現在進行形で発展を遂げています。テレワークによる働き方は、まさに、無駄の省かれた、最強の働き方と呼ぶにふさわしいでしょう。

朝9時から夕方6時まで働くという、かつては当たり前だったものが当たり前でなくなっています。私たちのライフスタイルは大きな変化を遂げ、今後も多様性が加速していくことは間違いありません。

そう遠くはない未来、通勤の概念はなくなるのではないでしょうか。オフィスを持たない会社が今後、多くなるかもしれませんし、各従業員の自室や近所のカフェがオフィス、という考え方が一般的となるかもしれません。

テレワーク社会では、極端な話、出勤時間が9時だった場合、8時59分まで布団の中にいてもいいのです。上だけ着るものを整えて、下は短パンでも、会議に参加することだってできてしまいます。

場所に限定されないのですから、たとえば地球の反対側にあるオーシャンビューのホテルの一室から、日本国内の取引先とオンラインでミーティングをすることもできます。

自分の思い通りの生活が実現しながら、自分の才能を活かした仕事で稼ぎを得られる、まさしく自由な時代が到来しています。反対に、このような時代の変化に対応できない個人や企業は、先細りになるということです。

２０２０年のコロナショックによって、突然国の主導で推奨され、一気に広まったテレワークという働き方ですが、それではコロナが収束すればテレワークは言わば一線を退くかと言えば、決してそんなことはありません。

なぜなら、テレワーク主体で仕事を組んだ方が、より社会や企業にとって効果があることが、今回はっきりしたからです。

移動時間がなくなった分、いち日に取れるアポイントの数は増えました。無駄話の多い会議も減ったことでしょうし、交通費がなくなった分、会社が負担する経費も減っています。テレワークのメリットをあげればキリがありません。

テレワークに消極的な企業と、テレワークを積極的に取り入れている企業の業績の差は、今後ますます広がっていくことでしょう。

テレワークを実践できない企業からは人が離れて、窮地に追い込まれていくことは明白です。

雇われる側においても、9時～6時の働き方に縛られる人は、給料が伸び悩んでいくことが考えられますし、時間や場所が限定され、不満を抱えたままの人生を歩み続けることになります。

過去の当たり前が通用しない、まったく新しい働き方が始まっていることを、私たちは強く感じておくべきなのです。

現在のインターネット社会の概況からお話ししましたが、ここで個人的なことを申しておきますと、私自身は、テレワークを大きく推奨しているわけではないですし、オンラインを使った仕事ができないとダメと言いたいわけでもありません。

ここで伝えたいことは、時間や場所にとらわれず、もしかしたらお金にすらもとらわれず、自由な働き方や生き方のできる時代に、私たち日本人も突入したのかもしれないということです。

大手企業では週3や週4勤務を採用するところも出ています。週3勤務を選んだとして、では残りの4日間は何をするのか。ほかの仕事をしてもいいですし、家族との時間に当ててもいいですし、趣味に打ち込んでもいいわけです。

このようにテレワーク時代では、「人間の生き方はこうだ！」という雛型的人生は跡形もなくなり、生き方の選択が個々に委ねられることを意味しています。

たとえば、テレワーク時代にあえてオンラインの世界から完全に離れ、畑仕事に精を出す人生を選んでもいいのです。

お金をかけずに、なるべく自給自足で暮らしていくのが、自分に合っていると感じたら、その選択をしても許されるのがこれからの時代の特徴かもしれません。

あるいは、畑仕事をしながら、ＩＴ企業に週３勤務してもいいわけですし、畑作業を撮影してユーチューブにアップし、広告収入を得るという働き方も考えることができます。

さらに、収穫物を販売する自前のサイトを運営するのもいいですね。

もしくはほかの才能を伸ばして、オンラインやオフライン問わずに発揮させる場をつくるのも、人生の選択のひとつだと思います。

好きな生き方を選んで、無理なく生きていく。まさに、冒頭に述べた通り、無駄を省いた最強の働き方が、これからますます当たり前になっていくのです。

場所や時間、雇用形態も縛られない働き方こそ最大限に成長できるチャンス

ただ「働く」という行為自体を見直す

場所や時間にとらわれないテレワークの働き方を有効に活用できれば、あなたの才能を最短で見つけて、最速で伸ばしていくことも難しい話ではありません。

前述の通り、時短での勤務も推奨されている時代です。いまこそ、あなたの素晴らしい才能を見つけて、伸ばして、マックスのレベルまで成長させましょう。

最低限の安定した収入が必要な人は、まずは自分にとって理想の働き方を選びましょう。いまがその状態であればそれでいいですし、改善すべきところがあれば見直していきます。転職するのもいいですし、勤務先にフレックスタイム制があれば進んで利用すべきですし、なければ提案するのもひとつの手段です。

しかしこの「働く」という行為自体は、自分にとって本当に必要なものではない、という視点は持っておいてください。

安定した稼ぎがあることはもちろんいいことですが、収入を求めすぎて、我慢してストレスだらけの働き方を選ぶのは得策ではありません。

また、自分の伸ばしたい才能が、後々お金を得られる糧になるものであるなら、働くことは最小限に抑えても差し支えないと思います。才能を伸ばす時間をできるだけ増やせるよう、働く時間は減らせるようにしましょう。

働き方を見直し、自分の時間をより確保することができたら、まずは自分の才能を見つけ出す時間です。第2章で紹介したレーダーチャートなどを駆使して、自分の才能をできるだけ可視化してください。

その才能が、自分にとってやりたいこと、熱中できることであるかの確認は徹底しましょう。才能の伸ばし方については、第3章でお伝えした通りです。

なるべく働くことにとらわれすぎず、才能を伸ばすことに熱中できるライフスタイルを築き上げていきましょう。

今のやり方を変える順応性が才能を伸ばすカギ

オンラインやテレワークが与えてくれる恩恵

テレワークを代表的な例としましたが、オンラインを使ってやり方をさまざまに変えていくことで、才能を大いに発揮し、成功を手にしている人が続出しているのが、現代社会の特徴です。

都会から遠く離れた地方で作曲に励み、オンラインを通じて配信したところ、たくさんの人たちを魅了し、有名になったアーティストもいます。

オンラインはやり方次第で、誰にでも平等に素晴らしい夢をもたらしてくれる可能性を秘めているのです。

オンラインは、多くの、才能を持った人たちの活躍を支援しています。

もし今のやり方に疑問や不満があるのなら、オンラインを活用した別のやり方にシフトさせていくことも大事なことです。


私も常にその意識を持っております。

私はウェブ会議を積極的に取り入れているのですが、リアルな場でのセミナーでは寡黙だった人が、ウェブ会議になった途端よく喋るようになった、という姿を目撃したことがあります。

不慣れな場所でたくさんの人前だと動揺してしまうのですが、自宅の画面越しであれば聴衆が何人いようとも、いつもの自分を出せるという新しい才能をその人は発見できたわけです。


これまでできなかったこと、苦手としていたことができるようになる。

これもオンラインやテレワークの与えてくれる素晴らしい恩恵のひとつなのです。

人がいっぱいいるオフィスで仕事をするのが苦手だった人が、在宅勤務に変わった途端、大きな成果を叩き出すこともあることでしょう。

今のやり方がしっくりこないと感じたら、やり方を変えるような順応性を身につけましょう。

そのキーとなるのは、間違いなくオンラインです。

次々と新しいマッチングツール、新しいアプリケーションやサービスが登場しているので、情報をキャッチするアンテナは広げておいてください。

オンライン学習が優れているのは、すぐに実践できるから

一気に才能を目覚めさせ急成長できる

オンライン上でやりたい新しいチャレンジのひとつとして勧めたいのが、オンライン学習の実践です。

たとえば英会話は、今では駅前留学どころか自宅留学ができてしまう時代です。会社が終わった後の夕方の時間だけでなく、早朝から夜の時間帯まで、好きな時間で受けられる柔軟性に優れたスクールも続々と出てきています。

英会話にとどまらず、さまざまなスクールやサロンが、オンラインの特性を駆使して開設されています。オンライン学習なら、遠く離れたところに住む、優秀なトレーナーにも指導してもらえるのですから優れものです。

値段はピンキリで、さまざまですから、自分の予算に合っていて、なおかつ使い心地や居心地のいいところを見つけていきましょう。

無料体験があるなら積極的に利用していきましょう。

オンライン学習ならばいつでもどこでも学べます。移動中や料理をしているときや掃除をしているときなどは、耳が空いているのですから、動画配信の授業を受けることができます。

教室などに通って学ぶ従来のスタイルだと、「前回は何をやったっけ」と学んだことを思い出す必要があり、人によっては時間経過とともにだんだんとやる気をなくして、教室から足が遠のいてしまう残念なケースもあります。

その点、動画配信のタイプであれば一気に見て学習することも可能です。

また対面式であっても、スクールによっては一気にスケジュールを詰めて、短期間で学んでいけるところもあります。やる気が失われていく前に、一気に才能を目覚めさせ急成長させることができます。

そして、オンライン学習のもっとも優れているところは、すぐに実践できる点です。たとえば日常ですぐ使える、成功のためのアイデアをインプットしたら、すぐにその場でアウトプットできるわけです。

学習する過程で、実践できそうなことをメモして、実際に行動する日程とゴール設定をする習慣をつけると、成果やスキルはグンと上がります。

現在は、ユーチューブで本の要約と解説動画などがあり、すぐに実践できるものが多くあります。

私の場合は掃除に関する話を視聴し、すぐにオフィスの玄関や水回りのレイアウトを変えました。気分がスッキリしたことと、雰囲気が変わったことにより大きな満足感を得ました。

このように、何かしらのヒントが得られるので、定期的にそして色々なジャンルを体験してみるのもいいでしょう。

オフラインだとどうしても時間差が出てしまい、学んだ直後はモチベーションが上がっていても、時間とともに情熱が消え忘れがちになり、実践しないままに終わりがちです。

才能アップは、達成した回数に比例しています。

この点、オンライン学習では、学んだことをすぐに実践できる点は、オフライン学習に比べて非常にすぐれているといえます。

オンライン交流での必要最低限のマナーを知っておこう

オンラインでの初歩的マナーは電波状況

オンラインでの交流だと、気を緩めてしまう人も多いようですが、最低限のマナーは心得ておきたいところです。

ここでは私が数々のオンラインでのコミュニケーションで気づいた「このマナーだけは守ってほしいな」と思ったことをまとめて紹介しましょう。

初歩的なマナーとして心得ておきたいのが、電波状況です。

ウェブ会議やオンラインセミナー、あるいはオンライン飲み会などに参加する際は、必ず事前に、インターネットの回線状況は確認しておきましょう。

せっかく話が盛り上がってきているというときに「ロード中」のアイコンが出て画

面が止まっちゃう人、けっこういます。

「すみません回線が」と途切れ途切れで謝られたりするのですが、なんだかこちらも恐縮しますし、盛り上がっていた話も一気に冷めてしまいますよね。

ですから最低限、Wi-Fiが安定しているかとか、受信アンテナはバッチリかとか、もしくは電波が悪い場所に入らないように気をつけるなど、電波状況の安定を心がけるようにしましょう。

私も、電車で移動している最中に会議にミュートで入ることもしばしばあるのですが、電波状況の確認はもちろんのこと、この先に長いトンネルがないかのチェックもしています。もしトンネルに入る場合は、「これからトンネル入るので一旦出ます」とコメントしてから退室するようにしています。

ただこれは、そういうことが言い合える間柄であって、大事なミーティングとか、初対面の相手に対しては、失礼な対応になると認識しておくことです。

少なくとも、こちらに対する印象が良くなる話ではありません。

できるだけ、電波状況が悪くなりそうな環境下でのオンライン対面は避けるようにしたいものです。当たり前のマナーなのですが、案外気がつかない人がいるのも、これまで私がオンラインでの交流をしてきた中で感じる事実です。

オンラインでは基本的なマナーを守る

まず、時間に関してのマナーです。

オンライン交流は時間に左右されない理想的なコミュニケーション方法ですが、だからといってまったく時間を気にせず行うと、相手に与える印象はマイナスになってしまいます。

たとえばギリギリの時間までお風呂に入っていて、着替えや整髪を行う時間を考慮せず、会議に間に合わないからと「10分だけ時間ください」と遅刻の連絡を入れるのは、相手に悪印象を与えてしまうでしょう。

事前の準備が必要であれば、きちんと想定し、スケジュール管理をしっかり行いましょう。社会人としての当たり前な部分ですので、オンラインこそ油断はせず、逆算して時間管理を徹底してください。

さらにオンラインの交流で最低限気をつけたいこと、つまりマナーは、メールやチャットでの言い回しです。

「ありがとうございます」とただ言葉だけを並べるのか、「ありがとうございます！」と勢いをつけてやる気を見せるのか、「ありがとうございます」の後に絵文字を入れて柔らかさを出すか、相手や状況に応じて使い分けていくスタイルは、マナーとして留意しておきましょう。

「メールやチャットは人となりを表す」と覚悟するべきです。発言の一言一言で、あなたの本質的な部分を見られていることを踏まえておきましょう。

時間がなくてイライラしているからと、心のこもっていない突き放したような文言を打つのは絶対に止めるべきです。

絵文字を使うべきとか、丁寧な口調を心がけるべきとか、そういった書式の話ではありません。

相手を思いやる気持ちが大切ということです。

心ない文章を書くことは避けてください。


電波状況、時間管理、言葉の表現、これらが気をつけるべき最低限のマナーになるかなと思います。

オンライン交流においては、これらを念頭に置いて、より自分の才能が活かせて伸ばせる環境づくりを求めていきましょう。

オンラインでも気を遣える人こそ誠実さがにじみでる

「背景」「音声」「距離感」など大丈夫？

相手のことをどれだけ気遣えるか。この意識は、コミュニケーションの主流がオンラインに移っていったとしても、変わらないものです。

以前に参加したズームセミナーでは、ある講師に対して１２０人の参加者がいました。セミナーの予定時間は2時間程度のものでした。

途中休憩もありましたが、2時間の予定が時間を大幅にオーバーして終わりました。「熱中して話してたらこんな時間に」と講師の方は弁明していましたが、一言の謝罪もなかったのは非常に残念に思いました。今後は、この人との縁はあまりなさそうだな、というのが正直な感想でした。

オンライン経由であっても、その一挙手一投足で、その人の本性が見えてしまうものです。

「たかがオンライン、相手は遠く離れた場所にいる」などとあなどらず、細かいところに気を遣うようにしましょう。

むしろ「オンラインなのにこんなに気を遣ってくれるなんて」くらいの気遣いをしないと、相手に好感をもたれより親身に感じてもらうことはできません。

オンライン上のコミュニケーションで、気を遣いたい点をいくつか挙げます。

まずは「背景」です。リモートで映像を介した話し合いやセミナーをする際は、自分の背後が映り込むことになります。

たまに、破れたポスターとか、散乱した本とか、しわくちゃになったベッドが背景に映っている人がいて、見ているこちらとしてはいい思いはしません。

部屋を片付ける時間がないのであれば、せめて壁紙をセッティングして、背後が映り込まない工夫をすべきでしょう。

背景にはその人の気遣いが大きく出ます。観葉植物ひとつ置いておくだけで、与える印象がガラリと変わるものです。

自己ブランディングも兼ねて、背景には自分のこだわりがあるもの、好きなものを設置しておくのもお勧めです。

宇宙が好きなら宇宙の壁紙を用意したり、好きなアーティストのポスターを背後に貼っておいたり、初対面の人と会話を広げるきっかけにもなるので重視しましょう。

さらに「音声」の大小にも注意したいですね。相手が聞き取りづらそうな仕草を見せていたら、こちらから「少し声が小さいですか？」といった質問を投げかけ、調整をするようにしましょう。

同様に、顔と端末との「距離感」にも気をつけたいですね。あまりにも相手の顔がどアップになっていて、こちらがギョッとしてしまうことも何度か経験しました。

自分の顔がどのくらいアップになっているかは確認できることなので、近すぎないか、あるいは遠すぎないか、ちょうどいい距離感を保つようにしましょう。

さらに「光量」にも気をつけるとなおいいでしょう。こちらの表情がきちんと見えるか、確認してください。

ひとつ前の最低限のマナーの話に続いて、ここも基本的な話でしたが、残念ながらこの基本的な気遣いすらできていないケースが多いのが、たくさんの方とオンラインコミュニケーションを重ねてきて感じることです。

気遣いの有無が、誠実さの有無にもつながっていきます。相手のことを気遣い、印象アップを心がけましょう。

オンラインでも「つながる」ことを意識する

オンライン時代の落とし穴に気をつける

オンライン環境が整っていれば、誰とどこでもいつでもつながることができますが、半面、ひとりでディスプレイに向かって作業する時間が長くなると、孤独を感じることもあります。

いかにメールやチャット、オンライン対面を通して、間接的に誰かとつながりを作ることができていても、物質的には誰もいない環境で何かをしていくことは、苦痛にもなりかねないのです。

この事実は、ひと昔前であれば考えられないことでした。

ほとんどの業種が、いち日の中で必ず誰かと面と向かって会話し、触れ合いをする時間はあったはずです。それが現在では、誰かと直接話すことなく、いち日を終えることも珍しくない時代となりました。そこに思いがけない「落とし穴」があります。

このような状態が続くと、ネガティブな気分に浸りやすく、物事に取り組んでいく気持ちが途切れてしまい、会社を辞めてしまったり、目標を諦めてしまったり、最悪のケースでは自殺という手段を選んでしまうこともあります。

しかしオンライン上のコミュニケーションが、今後も加速していくことは避けられません。そこで、私たちが大切にしたいのは、物質的にはひとりかもしれませんが、オンラインを通じて社会や人とつながれているという感覚を、意識することです。

ひとりだけの空間が好き、テレワークの方が自分に合っている、という人も、無意識下においては、孤独によるフラストレーションが募っているかもしれません。

家族がいる人、身近なところに友達がいるのであれば、彼らとの共有時間を増やせばいいですが、そうでない人はとくに、まずはオンラインでつながる場を求めることを心がけてください。

頼りにするオンラインのツールは、誰かと交流できるのであれば何でもいいと思います。

ＳＮＳツールの代表格であるＬＩＮＥやツイッターでのコミュニケーションはもちろん、インターネット掲示板や、前章でも紹介したオンラインサロンでもいいですし、オンライン交流会などを使って誰かと知り合うのもいいでしょう。

自分にとって居心地のいい場所を選べば、そこが癒しの場所となり、オンライン環境でもネガティブになることを防げるはずです。

気づいたら孤独に気持ちを蝕まれていて、挽回するだけのエネルギーを持ち合わせていなかった。という悲劇を招く前に、事前に意識して、これらオンラインでのコミュニケーションツールにも慣れておきましょう。

テレワークだからこそ伝えたいことをストレートに伝えよう

❖ 仕事においてはより大きな武器となる

面と向かってだと言えないことでも、オンラインのディスプレイ越しだと伝えられることがあります。

よく目の当たりにするのは、直接会うときは口下手な人が、オンラインだと饒舌になり生き生きと表現しているシーンです。オンライン経由でのコミュニケーションの方が萎縮せず、気兼ねなく伝えることができるのでしょうね。

逆に「オンラインだと気が引けて」と、遠慮する人もいるようですが、私としては、対面だと伝えづらいことを、オンラインで遠慮なくズバッと発言することを推奨します。

これは遠隔による仕事、つまりテレワークにおいてはより大きな武器となると思います。

面と向かってだと、気迫に気圧されて伝えたいことが伝えられなかった相手にも、オンライン経由なら迫力は半分以下に落ちているでしょうから、言いたいことがあればストレートに伝えてしまうといいでしょう。

その方が、後腐れなくストレスのない人間関係が実現できるでしょうし、お互いの正直な意見をぶつけ合った方が、新しいアイデアや力を生む原動力になります。

このように、テレワークは、自分自身をこれまで以上に表現しやすくしてくれる環境を与えてくれます。

伝える際には、言葉だけでなく、身振り手振りもふんだんに使いましょう。

「オンラインだと伝わりにくい」という印象を持たれがちですが、「むしろ伝えたいことを気兼ねなく伝えられるツール」ととらえ、有効に活用してください。

パソコンスキル、プログラミングスキルを学び、最高に稼ぐ

仕事においてはより大きな武器となる

現在、あらゆる業種において、パソコンスキルそしてプログラミングスキルを有している人が求められています。テレワークがより推奨される社会になればなるほど、パソコンスキルを持つ人が重宝されるようになるのは当然の話です。

パソコンスキルがまったくない人たちの集まる職場でもテレワークが必須となったとき、パソコンスキルを持っている人が入ってきたら、きっと神扱いされることでしょう。

ＡＩ、つまり人工知能が、人間の仕事を代わりに行っていく時代になれば、そのＡＩ

を動かすためのプログラミングを記述する能力が求められます。

ＡＩによってこれまで人間がしてきた仕事が奪われていく一方で、プログラミング業務がいくつもの業種で特需となっていくかもしれないのです。

あなたがやりたいかやりたくないか、得意か得意でないかは抜きにして、食わず嫌いせず、これからの時代に物凄く強い職種として、プログラミングの技術はぜひ磨いておくといいでしょう。

育てたい技術、就きたい仕事に見当がつかないのであれば、プログラミング学習の時間を積極的に設けておいてください。

ユーチューバーがプログラミングの技術を公開しているチャンネルもあります。プログラマーの人材不足を解消するため、企業の支援を得て開講している無料のプログラミングスクールもあります。

プログラミングは、その内容の難しさは個人差があるとして、始めるにあたっての敷居はとても低いといえます。

最初は副業でもいいので、まずはチャレンジしてみるといいでしょう。

面白味を見つけられて、収入につなげられないか模索していきましょう。


ただし、必ず挑戦する期限を設けてください。

たとえば1カ月やってみて、自分には合わないと感じたら、プログラムの才能が自分にはないと判断し、また別の才能探しを始めましょう。

ただ、今後の時流を考えてみても、パソコンスキルやプログラミングスキルを豊富に身に付けておくことは、決して無駄にはなりません。

多少苦手を感じても、時間の許す限り伸ばしていき、自分の新しい才能としておくといいでしょう。

おわりに

これからＡＩ・テレワーク時代の全盛時代を迎えるにあたり、私に断言できること。それは、学歴や資格があるだけでは、〝抜きん出る〟ことが極めて困難であるということです。

ＡＩに仕事を奪われる時代において、また、テレワークによって競合が世界中至るところで行われる時代において、マニュアル通りで個性や強みを持たない機械のような人間は、いずれ淘汰されることが容易に想像できます。

この原稿を書いている、２０２０年現時点での世情からいえば、一人ひとりがコロナショックから一刻も早く立ち直り、令和の新時代に自分の才能を一刻も早く見つけ出し、どうやって現状を打破して生き残っていくのか。この思考力と実践力が問われることになります。

現代の混沌とした、明日の行方すら見当がつかない社会において、自分の唯一無二の素晴らしい才能を見つけることができれば、迷いがなくなり、新たなアイデアが生まれ、具体的な行動に移すことができます。そして、自分の才能を生かしたライフスタイルで、大きく発展していくことも可能なのです。

本書でご紹介してきた、ＡＩ・テレワーク時代だからこそ大切にしたい、才能の発掘法や育成法、そしてアピール法を参考にして、あなたの人生がより素晴らしいものになることを祈り、終わりとさせていただきます。

最後になりましたが、本書の執筆にあたり、取材・編集に尽力をいただいた小西秀昭氏と構成・編集協力をいただいた遠藤励起氏のお二人に、あらためて感謝申し上げます。

２０２１年２月吉日

経営コンサルタント　清水久

◆本書を読み終わったあなたへ

公式LINE@登録後に才能とご連絡頂いた方に本書の著者である、清水 久よりオンラインによる30分間の無料コンサルティングを受けられます。

無料コンサルティングの相談内容は、「仕事」「経営」「起業」「人間関係」「お金」などなどなんでも構いません。是非話をしてみたいと思った方は、気軽にご連絡お待ちしております。あなたの才能が開花でき、今まで以上に人生がより豊かになりますように。

・**清水 久　公式LINE@** ➡ LINE ID：@lyb6260x

・**清水 久　公式HP** ➡ https://shimizuhisashi.com

◆著者略歴

清水 久（しみず ひさし）

株式会社NEO SHAKE HANDS 代表取締役社長

1982年生まれ。山梨県山梨市出身。自由が丘産能短期大学（経営管理コース）卒業。

10代の頃は絵に描いたような落ちこぼれ。担任になった先生からも諦められた生徒として「劣等生」の烙印を押され、「夢」も「希望」もない学生時代を過ごす。偏差値35以下の高校から追試・補習を繰り返しギリギリ留年せずに卒業をして、思いつきと勢いだけで上京する。不屈の精神で、ジュエリー業界やブライダル業界、人材業界などを経て、サラリーマン時代に体得した独自の営業手法や対人関係向上の技術を活かし、2016年の独立から現在に到るまで、述べ5,500人以上に起業や経営のコンサルティングを行う。

現在は、セミナー講師の育成や書籍を通じて、才能の力を最大限に引き延ばす事を一人でも多くの人に伝えるべく、様々な企業とのアライアンスを組み事業展開や拡大を行う。

著書に『挑戦と成長を諦めたくない人の目標達成術』（合同フォレスト）がある。

AI、テレワーク時代に生き残るための
才能の見つけ方・活かし方

著　者	清水 久
発行者	池田 雅行
発行所	株式会社 ごま書房新社 〒101-0031 東京都千代田区東神田1-5-5 マルキビル7階 TEL 03-3865-8641（代） FAX 03-3865-8643
カバーイラスト	（株）オセロ 大谷 治之
DTP	海谷 千加子
印刷・製本	創栄図書印刷株式会社

ISBN978-4-341-08781-4 C0030